NO SALGAS DE TU (ZONA DE CONFORT)

Juan Ferrer

Prólogo de Javier Fernández Aguado

NO SALGAS DE TU (ZONA DE CONFORT)

MADRID | CIUDAD DE MÉXICO | BUENOS AIRES | BOGOTÁ
LONDRES | NUEVA YORK
SHANGHÁI | NUEVA DELHI

Comité Editorial: Santiago de Torres (presidente), Germán Castejón, Guillermo Cisneros, M.ª Teresa Corzo, Marcelino Elosua, Almudena García Calle, José Ignacio Goirigolzarri, Santiago Íñiguez de Onzoño, Luis Huete, Pilar López, Pedro Navarro, Manuel Pimentel y Carlos Rodríguez Braun.

Colección Acción Empresarial de LID Editorial
Editorial Almuzara S.L.
Parque Logístico de Córdoba, Ctra. Palma del Río, Km 4, Oficina 3
14005 Córdoba.
www.LIDeditorial.com
www.almuzaralibros.com

A member of:

businesspublishersroundtable.com

No está permitida la reproducción total o parcial de este libro, ni su tratamiento informático, ni la transmisión de ninguna forma o cualquier medio, ya sea electrónico, mecánico, por fotocopia, por registro u otros métodos, sin el permiso previo y por escrito de los titulares del *copyright*. Reservados todos los derechos, incluido el derecho de venta, alquiler, préstamo o cualquier otra forma de cesión del uso del ejemplar.

Editorial y patrocinadores respetan los textos íntegros de los autores, sin que ello suponga compartir lo expresado en ellos.

© Juan Ferrer, 2023
© Javier Fernández Aguado 2023, del prólogo
© Editorial Almuzara S.L. 2023 para LID Editorial, de esta edición.

EAN-ISBN13: 978-84-17880-81-1
Directora editorial: Laura Madrigal
Editora de mesa: Paloma Albarracín
Corrección: Cristina Matallana
Maquetación: www.produccioneditorial.com
Diseño de portada: Juan Ramón Batista
Impresión: Cofás, S.A.
Depósito legal: CO-1634-2023

Impreso en España / Printed in Spain

Primera edición: octubre de 2023

Te escuchamos. Escríbenos con tus sugerencias, dudas, errores que veas o lo que tú quieras. Te contestaremos, seguro: *info@lidbusinessmedia.com*

«La mayoría de nuestras mentes están drogadas con ideas y libros de otras personas, y como nuestras mentes están constantemente repitiendo lo que otro dijo, nos hemos convertido en repetidores, y no en pensadores».

Jiddu Krishnamurti

«Si lees algo que coincide con lo que piensas, no estás aprendiendo nada».

Juan Ferrer

Dedicado a todos aquellos que me han permitido escucharles y debatir, sea estando de acuerdo o no, lo cual era lo que menos importaba.

El gozo de descubrir que uno estaba equivocado, o reafirmar una idea, es el mejor regalo que nos pueden hacer para evolucionar en el conocimiento.

ÍNDICE

AGRADECIMIENTOS

Este libro es fruto de un *boomerang*. Tratando de impartir técnicas y herramientas en el arte de preguntar, un cliente me retó a ponerlas en práctica. Para ello yo debía elegir un desafío que estuviera latente pero que no hubiera puesto en marcha y él se encargaría, a través de preguntas, de ayudarme a hacerlo realidad. Y fue así como este buen alumno se convirtió en maestro al saber activar la pasión e ilusión por publicar un libro que considero transgresor, provocador y sacudidor de mentes y pensamientos mayoritariamente asumidos.

Pero necesitaba acompañamiento, y fue en dicha sesión donde me comprometí a entregar capítulos a personas que aprecio, admiro y confío. Ellos fueron sinceros, y quiero agradecer su implicación en leerlos y darme su humilde e inteligente parecer. Personas como Jesús Jiménez, Cristina Viera, Beatriz Armas,

Paul Perdomo y Sonia Ortega fueron capaces de dedicar tiempo y cariño a aportar correcciones que mejoraron lo escrito.

Igualmente, tengo que agradecer a todos aquellos clientes de consultoría o asistentes a las formaciones y conferencias sus confidencialidades, que desnudan la realidad que se oculta en las organizaciones y que merecen cambiarse en aras de una mayor eficiencia y satisfacción de las personas involucradas.

Y, cómo no, debo dedicar unas especiales palabras a Javier Fernández Aguado, maestro desde los puntos de vista humano y profesional. Su generosidad en aceptar escribir el prólogo, así como cada momento en el que he podido compartir y recibir indicaciones, que me han hecho crecer como profesional, merece un especial agradecimiento. Deberíamos clonarle.

PRÓLOGO

«Todos hemos oído o leído la frase "tienes que salir de tu zona de confort" aconsejada por psicólogos, *coaches,* gurús, directivos, compañeros o hasta familiares fruto de una sabiduría popular forjada en asumir frases y pensamientos sin la debida reflexión. Pero permíteme hacer la gran pregunta que espero que nos haga pensar a todos: ¿por qué? ¿Por qué debemos salir de la zona de confort? Y no es una inocente pregunta, sino al contrario; resulta muy provocadora, puesto que cuestiona algo que asumimos, repetimos y aconsejamos sin tal vez haber profundizado mucho en su significado».

Con esta pendenciera propuesta arranca el libro de Juan Ferrer. Juan, para quien no le conozca, es un consultor especializado en la gestión del cambio en organizaciones. A través de la formación, el asesoramiento y el acompañamiento, diseña, ejecuta y culmina las insoslayables mutaciones.

Formado en la Harvard Kennedy School y en el Massachusetts Institute of Technology (MIT) en liderazgo y en la creación de organizaciones de alta velocidad, ha trabajado para numerosas organizaciones. Ha publicado cinco libros, entre ellos *Gestión del cambio* y *Cambiemos las organizaciones*. Actualmente desempeña su actividad profesional entre España y Latinoamérica.

Tuve la ocasión de conocerle a través de la plataforma Top Ten Management Spain, que durante dos décadas congregó a los más reputados formadores y consultores de organizaciones. Desde que charlamos por primera vez en mi despacho de Madrid, hace ya unos años, hemos mantenido una fluida y fructífera comunicación. En la actualidad, coincidimos en *Protagonistas*, un admirable y grato entorno creado por Marta Prieto y María Victoria de Rojas para los adalides de diversas áreas relacionadas con las entidades mercantiles.

El segundo capítulo del libro arranca con otro, denominémoslo *cintarazo:* ¿Es lo mismo tener empleados felices que tener empleados implicados? No siempre. Es frecuente oír que las organizaciones, en sus últimas tendencias y como parte de la evolución humanística, ponen a las personas en el centro. Bajo este concepto muchos directores de recursos humanos afirman que el objetivo de dicho departamento, bajo sus nuevas y múltiples definiciones, que a veces suponen una máscara para seguir haciendo lo mismo, es conseguir empleados felices.

Juan, mitad burlón, mitad camorrista, prosigue desafiándonos, párrafo tras párrafo, para inducirnos a una especulación innovadora y creativa. Rechaza los tañidos llorones, se niega a aceptar haces de plañidos y nos enfrenta, en ocasiones con forma de exabrupto, a convicciones asumidas sin suficiente cavilación. En ningún momento nos deja sestear, pues convierte en guiñapos muchas afirmaciones reiteradas por ponentes que reiteran a gritos, pero cansinamente, fórmulas que pretenden motivar a otros.

Vuelve a sacudirnos inmisericordemente al comienzo del capítulo tres para que no vayamos con monsergas: uno de los mantras repetidos en conferencias, congresos y redes sociales es que para sobrevivir debemos adaptarnos. Tal vez la frase más utilizada en la crisis financiera de 2008 fue la cita de Charles Darwin: «La especie que sobrevivirá no es la más inteligente, sino la que mejor que se adapte al cambio». Pero posiblemente Darwin haya quedado obsoleto. ¡Hayek y Engels se habrán removido en sus tumbas ante este zurriagazo a su ídolo intelectual!

Animo a quienes me rodean a enamorarse de la normalidad, evitando la fascinación por acaecimientos caprichosos. Lo hago a raíz de un suceso de mi adolescencia. Animado por un amigo de mi padre, comencé a frecuentar un club en el que ofrecían formación complementaria a muchachos con inquietudes intelectuales. Manuel, licenciado en Física, nos aseguraba que son más felices quienes disfrutan con la normalidad frente a aquellos que anhelan coordenadas privativas. Desde entonces recapacito sobre lo importante que es saborear el día gris, pues, entre otros motivos, es el más habitual, incluso para quienes, como es mi caso, hemos tenido la fortuna de viajar de manera reiterada y de vivir imponentes aventuras en distantes rincones del globo.

Años más tarde, trabajando en Italia, redescubrí el mismo concepto en la novela de Dino Buzzati *Il deserto dei tartari*. Eugenio Corti, con quien llegué a entablar amistad, apuntaba en la misma dirección en su dilatada y en parte ficcionada autobiografía *Il cavallo rosso*.

Directivos o no, millones de personas centran sus ilusiones en futuras vacaciones, viajes o eventos singulares. Es evidente que todos tratamos de huir de la rutina en busca de sensaciones placenteras. Sin embargo, resulta más reconfortante lo excepcional cuando somos gozones de lo ordinario. Ahí se consolidan los hábitos operativos positivos, también conocidos como *virtudes*.

Juan, una y otra vez, hurga en el hondón de nuestros recovecos para clamar contra las emanaciones de ciénagas que han llegado a ser tales por no luchar contra las usanzas acríticas y los lugares comunes.

El sentido más usual de la palabra *rutina* se refiere a la desanimada reiteración de obligaciones que acaba conduciendo al hastío. Pero ¡podemos vivir con la motivación intrínseca consistente en hacernos mejores personas! Y con otra trascendente: crear las condiciones de posibilidad para que quienes interactúan con nosotros disfruten de experiencias diferenciales y nunca sean recolectores de nuestras amarguras. Allí desea llevarnos Juan.

Los frutos profesionales y personales serán más abundantes si recordamos, parafraseando al filósofo danés, que las puertas de la felicidad se abren hacia fuera y que quien intenta forzarlas hacia dentro lo único que logra es cerrarlas más fuertemente.

La felicidad es amar mucho lo que uno tiene y no vibrar en la perturbadora perspectiva de culminar cimas extravagantes. Cuando lleguen, buenos serán, pero los aplausos por un reconocimiento se apagan pronto. Quien se lleva bien consigo mismo y asume sus circunstancias vitales y profesionales se engolfará en el regocijo de ser criatura humana.

Así son los espolazos de Juan: gestionar es hacer que una organización funcione. Liderar es hacer que una empresa evolucione. Aquí está la clave. ¿Qué es liderar? Sencillamente mover, movilizar, avanzar, evolucionar. En una palabra, impulsar el cambio. Si no hay cambio, no hay liderazgo, hay gestión. Y ambos son necesarios, porque una gestión sin liderazgo genera estancamiento, y un liderazgo sin gestión origina caos. Y en ambos, en la gestión y en el liderazgo, podemos y debemos aplicar todos los «cómo» antes mencionados. La diferencia es que en el liderazgo se inspira para el cambio, se exige para el cambio, se reta para el cambio, se acompaña para el cambio.

La función de un prologuista es animar a gozar del texto que espera tras las páginas que lo preceden. Me atrevo a pronosticar que nadie que disfrute del libro de Juan podrá sobrevivir a él sin esos afables pero punzantes mordiscos y urañadas que el autor prodiga con la encomiable intención de hilar impulsos para la mejora personal y corporativa. No pretende acachetar, sino motivar. Juan tiene algo de sollastre, pero hambrea por el conocimiento. En este libro, más que en ninguno de los precedentes, lo muestra sin pudor. ¡Enhorabuena, Juan, y a seguir generando tantos frutos como los logrados hasta el momento!

Javier Fernández Aguado
Socio director de Mindvalue

INTRODUCCIÓN

Cuando uno se sienta a escribir un libro, comienza un viaje. Este puede finalizar en un destino esperado o por el contrario en un mundo, en este caso el de las ideas, nada previsto. Es lo que sucede cuando nos permitimos que mente y corazón fluyan si le damos la libertad debida. Y es lo que he intentado: ser libre para compartir ideas, reflexiones, pensamientos y experiencias sin el filtro del juicio de si gustarán, pero a la vez con la libertad que da no querer tener razón en los planteamientos que se plasman en este conjunto de capítulos. No es un viaje para convencer, sino para hacer pensar y descubrir juntos.

En cierta ocasión leí la frase «leer un libro es tener una conversación donde tú estás callado». En este caso, entiendo que «escribir un libro es tener una conversación donde por fin te escuchas y nadie te interrumpe».

Cuando comencé a escribirlo, tan solo por el título y por los capítulos, algunas personas me lo desaconsejaron por excesivamente provocador y transgresor. Pero ¿acaso descubrir no es asaltar los muros de las creencias que nos producen seguridad y control? ¿Y trasgredir no es más que una provocación a sacudir los fundamentos de nuestras creencias establecidas?

Es aquí donde tú, lector, podrás elegir entre dos posibles actitudes. La negación automática, fruto de reaccionar al titular, sin permitirte profundizar en el mensaje de su contenido, o tener la curiosidad como compañera de viaje de la humildad. Ser retados en la forma de pensar puede suponer para algunos un enorme disfrute. La persona sabia nunca se negaría a cuestionarse; más bien al contrario: su deseo de evolucionar y descubrir la invita a escuchar creencias contrarias y pensamientos que sacudan, afiancen o renueven su forma de ver el mundo.

El objetivo de este libro no es tener razón. El que desea tenerla se encierra en su verdad, desvirtuando la meta del aprendizaje: descubrir. He visto cómo numerosas conversaciones se transformaban en agrias discusiones al identificar las personas su opinión con su propio ego y su ego con su autoestima, lo que desembocaba en crispación y en muchas ocasiones hasta en la propia ruptura de la relación.

Mi deseo es hacer pensar. Así de simple. ¿Por qué? Sencillamente porque, a base de escuchar y leer en la propia vida, entendía que muchos conceptos que eran transmitidos y asimilados sin cuestionarse ni profundizarse debidamente, dejados por las modas o la simplicidad de la propuesta, estaban escondiendo un mensaje desafortunado, pobre o, en ocasiones, erróneo.

Los capítulos tienen títulos transgresores que en muchos casos chocarán con la concepción de lo que hemos entendido tradicionalmente. No es un recurso marketiniano para llamar la atención; va más allá: es la síntesis de un proceso de reflexión profunda que llevaba a desmontar lo tradicional, lo asumido sin debate ni cuestionamiento personal o colectivo. Percibía una incoherencia que sentí que debía retar y argumentar. Esta obra es el resultado de este proceso de poner en cuestión ideas que hasta yo había ido asumiendo.

Todos hemos tenido a veces lecturas que poco nos dijeron en su momento, pero tras varios años, y con ello toda una suma de experiencias acumuladas, su relectura nos mostraba lecciones maravillosas que se escondían ocultas a nuestra primera mirada. Lo mirábamos, pero no lo veíamos. Lo oíamos, pero no lo escuchábamos.

El libro se puede leer desde la vertiente organizacional, pero también desde la humana y personal. Como organizaciones es una invitación a mirarse al espejo y ver si la forma de trabajar, pensar, motivar e ilusionar está produciendo los resultados económicos y humanos esperados. Hablo de rentabilidad y satisfacción. Como bien afirma la sentencia, en ocasiones «el problema no es el problema, sino que no se ve el problema».

Mi deseo es retarte, pero no para tener razón, sino para invitarte a cuestionar, profundizar, desechar o descubrir nuevas perspectivas de palabras, ideas y conceptos que forman parte de nuestro día a día.

Espero y deseo que disfrutes de su lectura.

CAPÍTULO 1

NO HAY QUE SALIR DE LA ZONA DE CONFORT

Todos hemos oído o leído la frase «tienes que salir de tu zona de confort» aconsejada por psicólogos, *coaches,* gurús, directivos, compañeros o hasta familiares fruto de una sabiduría popular forjada en asumir frases y pensamientos sin la debida reflexión. Pero permíteme hacer la gran pregunta que espero que nos haga pensar a todos: ¿por qué? ¿Por qué debemos salir de la zona de confort? Y no es una inocente pregunta, sino al contrario; resulta muy provocadora, puesto que cuestiona algo que asumimos, repetimos y aconsejamos sin tal vez haber profundizado mucho en su significado.

Empecemos por preguntarnos qué es la *zona de confort.* Si recurrimos a la RAE, *confort* es «bienestar o comodidad material». ¿Por qué hemos de salir de una zona que nos produce bienestar, con lo que cuesta conseguirlo, y cómo no, el enorme disfrute que se supone que tenemos estando en ella?

¿Por qué hemos de salir de una zona que nos produce bienestar, con lo que cuesta conseguirlo?

Tal vez la confusión viene por definir qué nos produce bienestar. Para unos será no hacer nada (de ahí el consejo de que hay que salir), pero para otros consistirá en el constante aprendizaje y la evolución personal. ¿Por qué habría que salir de esta zona? Lo explico con una experiencia personal. Cierto día estaba estudiando, leyendo unas investigaciones, indagando en la red, buscando fotos para una ponencia, preparando una conferencia y sobre todo aprendiendo, todo ello acompañado de un café, una vista maravillosa y una buena música. Sin duda, era mi zona de confort. ¿Por qué debía salir de ella? He aquí el problema. No todas las zonas de confort son las mismas, con lo que esta recurrente afirmación debería matizarse, o incluso redefinirse.

Añado un ejemplo más. Disfrutando de un reportaje en Netflix sobre la Fórmula 1, uno de sus protagonistas, Toto Wolff, copropietario y director del equipo Mercedes-AMG Petronas F1 Team, afirmaba que dicho espectáculo es presión, estrés, rivalidad, superación y competición. «Esta es mi zona de confort», afirmaba. ¡Eureka! Ambos coincidíamos en que disfrutábamos de aspectos que nos hacían evolucionar, superarnos y mejorar. ¿Por qué debíamos salir?

Permíteme ir construyendo la reflexión viajando juntos en la aclaración de términos. Si aceptamos que *confort* es «bienestar, comodidad, disfrute», toca confrontarlo con otra palabra que nos dará más luz a esta indagación. ¿Es lo mismo *confort* que *conformismo*? Aquí está la clave. Asociamos confort con conformismo y, si bien puede ser parte, no siempre lo es. Veámoslo detenidamente.

Me atrevo a diferenciar tres áreas de confort: zona de conformismo «feliz», zona de conformismo «infeliz» y zona de confort «evolutiva»

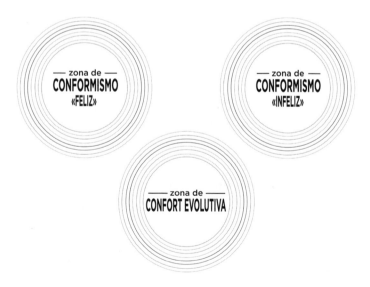

1. Zona de conformismo «feliz»

Es aquel ámbito (actividad o inactividad) donde disfruto y estoy a gusto y feliz. Y puede que no quiera salir de ahí. Y está bien. Todos tenemos áreas donde nos encontramos cómodos, seguros y disfrutando. Puede ser correr nuestra carrera matinal de 4 km, nuestro limitado conocimiento de una lengua extranjera o incluso nuestra básica destreza en algún deporte. Pero, si viene algún *coach* a decirnos que tenemos que correr 8 km, leer a Shakespeare en inglés antiguo o intentar ir a una olimpiada o paraolimpiada, seguramente le miraremos con cara de «¿me podrías dejar tranquilo disfrutando de mi zona de confort»?

Estamos en una zona donde nos conformamos, pero disfrutamos porque no tenemos la ambición o necesidad de mejorar. Todos tenemos áreas de este tipo. Esa continua aspiración de más y mejor en todos los ámbitos de nuestra vida puede ser agotadora, estresante y perjudicial.

Ahora bien, hay un coste. Si sobreviene algún cambio inesperado, nos sentiremos incapaces de gestionarlo. Si una multinacional ha comprado nuestra empresa y por ello a partir de ahora las reuniones se llevarán a cabo en inglés, puede que mi acomodamiento no me permita estar entre los elegidos para progresar. O en una situación de peligro, no tener la suficiente forma física o destreza puede que limite mis posibilidades.

En resumen, todos tenemos áreas donde nos conformamos y somos felices y disfrutamos en ese ámbito. Pero debemos ser conscientes de que, ante una nueva situación, este acomodamiento nos limitará las posibilidades de afrontarla con éxito.

2. Zona de conformismo «infeliz»

Es aquí donde creo que puede estar la problemática y la confusión. Esta área se caracteriza por estar infelices, a disgusto, desmotivados o insatisfechos. Pero nos conformamos. Terrible afirmación, pero es cierto y tiene sus razones. Puede ser un trabajo que nos genera desmotivación pero en el que nos pagan muy bien. O un matrimonio infeliz pero con varios hijos que condicionan su ruptura. O una vida en cierta medida vacía pero con seguridad económica.

No la llamaría en absoluto *zona de confort;* muy al contrario: es una zona de vacío, tristeza o desánimo. Me atrevería a llamarla *zona de disconfort acomodado* o *día de la marmota* en alusión a la película *Atrapado en el tiempo.* Salir de esta zona de disconfort puede ser arriesgado, duro y costoso, y podemos no vernos con las herramientas o con la fuerza necesaria para hacerlo. Abandonar un trabajo con una alta remuneración que supone el sustento de un tipo de vida, sin posibilidad de ser mantenido posteriormente, o una ruptura familiar con una potencial complejidad jurídica, económica y emocional por haber niños involucrados puede frenar nuestro ímpetu de ruptura. Es ahí donde surge el «conformismo».

No es aceptación, sino resignación. Y nuestra alma empieza a languidecer, a cambiar nuestro carácter, con una continua crispación o una infelicidad que contagia nuestro cuerpo con alguna enfermedad. No estamos enfermos; está enferma nuestra alma, y su continente está siendo contaminado.

¿Qué beneficios tiene seguir en ella, en este estado de disconfort acomodado? Sencillamente la seguridad y el control. Nos asusta la incertidumbre, el qué pasará si cambio de trabajo o decido ser feliz con otra persona. Preferimos lo malo conocido a lo bueno por conocer. Y no podemos ser duros con esta decisión. Cada persona tiene un momento o una capacidad, llamémosle *coraje,* o un entrenamiento previo de superación de obstáculos que conformarán la decisión de atreverse o no a salir de la zona de disconfort.

Podemos ayudarlas a tomar conciencia, a trazar un camino y hasta acompañarlas en el proceso. Pero no me atrevo a soltar la afirmación «tienes que salir de la zona de confort» sin antes escuchar sus creencias (a veces limitantes) y sus razones. Es una negociación interna y personal. Tal vez no hay confianza en uno mismo o falta la memoria de haber superado obstáculos por haber tenido una vida fácil (sea profesional o personal). La comodidad genera fragilidad en individuos, equipos, personas, organizaciones y sociedades, lo que conlleva falta de confianza, coraje y esfuerzo para afrontar una situación de cambio.

Intentemos entender las creencias autolimitantes o el ecosistema antes de dar consejos tales como «tienes que salir de la zona de confort».

3. Zona de confort «evolutiva»

En esta área o áreas de nuestra vida disfrutamos, pero aprendiendo, enriqueciéndonos y cultivándonos. El placer y el bienestar lo producen evolucionar y tener retos, sea a nivel humano y/o profesional.

Cuando observamos a un investigador, un científico, un músico o un pintor apasionado en su tarea, están en su zona de confort, de disfrute, pero esta actividad les enriquece, les conecta a lo que Mihály Csikszentmihályi denomina *fluir*. Es una experiencia de motivación interna en la que la persona está inmersa en lo que está haciendo con una absorción completa que le produce placer y disfrute. Los efectos son alegría y placer, donde el tiempo desaparece y uno mismo es la acción. Hasta nuestro ego deja de juzgar el momento. Lo vemos en el deportista concentrado o en el músico en plena actuación. ¿Debemos salir de esta zona de confort?

Cuando encontramos esta zona donde se mezclan disfrute y evolución, placer y enriquecimiento, flujo y superación, logro y recompensa, es aconsejable cultivarla y ella sola crecerá. Supondrá ampliar la zona de confort porque en la evolución está también el descubrimiento de nuevos placeres alejados de la rutina. Si disfrutamos leyendo, investigando, superándonos como deportistas, músicos o artistas, encontraremos nuevos campos de disfrute. Y así la vida se descubrirá en nuevas facetas enriquecedoras.

Cuando decidimos enfrentarnos a algo nuevo donde no tenemos el control, sentimos que hemos salido de la zona de confort. Pero si lo interpretamos como antesala de una actividad placentera, la propia interpretación cambia nuestras emociones. Un ejemplo es el de los deportistas cuando prueban nuevos retos. Si lo hacen es porque incluso el error forma parte del viaje placentero, tiene significado y sentido. Y lo mismo pasa con un emprendedor o un aventurero.

Y aquí surge la pregunta: ¿podríamos aplicar esta reflexión a las organizaciones? Es decir, tomar conciencia de si estamos en una empresa donde existe un «conformismo feliz» (sea por una protección administrativa, por tamaño o por tener un nicho de mercado temporal), un «conformismo infeliz» (que genera impotencia y frustración) o en aquella donde disfrutamos de una zona de confort y disfrute basada en la innovación y evolución constante.

En resumen, seamos prudentes cuando invitemos a salir de la zona de confort porque hay áreas o aspectos de la vida donde nos conformamos y está bien; eso sí, con el peligro de no saber responder cuando haya un cambio. En otras áreas hemos tirado la toalla y nos conformamos, pero más que una zona de confort se trata de una zona de resignación. Y finalmente está el área donde aprender, mejorar y crecer, sea como persona o como profesional, produce bienestar, satisfacción y confort.

Descubramos esta última porque la vida nos va en ello.

DESCUBRE
EL ÁREA DONDE
APRENDER,
MEJORAR Y
CRECER,
PORQUE **LA VIDA**
NOS VA EN ELLO.

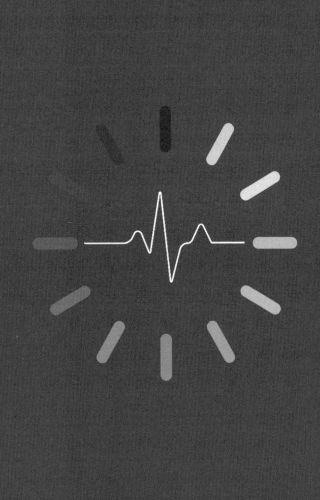

CAPÍTULO 2

EL OBJETIVO NO ES TENER EMPLEADOS FELICES

¿Es lo mismo tener empleados felices que implicados? No siempre. Es habitual oír que las organizaciones, en sus últimas tendencias y como parte de la evolución humanística, ponen a las personas en el centro. Bajo este concepto muchos directores de recursos humanos afirman que el objetivo de dicho departamento, bajo sus nuevas y múltiples definiciones, que a veces suponen una máscara para seguir haciendo lo mismo, es conseguir «empleados felices».

Y fue precisamente una brillante directora, Judit Vega, de esta área la que en plena sesión de implantación de los objetivos y resultados clave (OKR) hizo tambalear todo este fundamento. Había que fijar un propósito como primer paso para alinear todos los objetivos y, de repente, sucedió un terremoto: ella no veía que hubiera que focalizarse en semejante propósito. Es muy loable buscar tener «empleados felices» (sin duda es mejor que estar en un entorno con desmotivación, continuos conflictos o batalla de egos), pero aquí nos encontramos con el problema del significado que le damos a las palabras. Muchas veces nos separan, nos enfrentan, y puede que estemos diciendo lo mismo, pero con diferentes expresiones. De ahí que debamos saber escuchar más allá de las palabras elegidas. Pero también es cierto que las utilizamos sin indagar qué significado tienen para poder generar un debate rico que fundamente nuestras opiniones.

¿Qué entendemos por *felicidad*? Es precisamente aquí donde se complica todo.

Porque la felicidad de algunos puede que no sea beneficiosa para las organizaciones. Es más, si acudimos a muchos ejemplos de liberados sindicales, precisamente su felicidad no es aportar valor a la compañía, sino más bien al contrario: priorizan sus intereses personales o sindicales frente al bienestar colectivo. Y lo mismo puede suceder con los directivos. Pregúntate cuántos parásitos o incompetentes «felices» hay en tu empresa o cuántas personas con actitudes tóxicas disfrutan contaminando las relaciones humanas. ¿Es el objetivo del departamento de recursos humanos o

Debemos buscar, crear y desarrollar no empleados «felices», sino más bien «apasionados». La diferencia es notable.

de la dirección de la organización tener empleados «felices» o habría que matizar este concepto?

Considero que debemos buscar, crear y desarrollar no empleados «felices», sino más bien «apasionados». La diferencia es notable. Un empleado apasionado, feliz o infeliz, se caracteriza por su entrega, su ilusión y sobre todo por su afán de superación, incluso en la adversidad o en la «infelicidad». Un mal momento lo ve como un reto. Un golpe lo asume como un aprendizaje. Una crisis le lleva a superarse. En ocasiones podrá estar pasando por una mala etapa, pero será aquí donde mostrará su carácter y su pasión para no dejar de ser ante todo un buen profesional. Llevar a cabo tu trabajo cuando estás motivado es muy fácil, pero cuidar la excelencia en tu tarea cuando te encuentras desmotivado es asumir que otros no deben pagar por tu malestar interior.

La cuestión es qué despierta nuestra pasión, porque el resultado bien sabemos que es entrega, esfuerzo y persistencia. ¿En qué momento de tu vida te has sentido realmente apasionado por algún sueño, algún reto o alguna actividad? ¿En ese instante era todo perfecto o todo lo contrario? En todo el elenco de causas que generan pasión pueden estar desde tener un sueño que muchos consideran imposible hasta el disfrute y el placer de una actividad concreta o incluso superar un bache que dificulta nuestra vida. Igualmente puede consistir en tener un reto, querer cambiar el mundo o buscar reconocimiento, fama y gloria. O, simplemente, en ser coherentes con un talento que late dentro de nosotros y debe encontrar salida en alguna forma de expresión.

Lamentablemente, en etapas tempranas de nuestra vida (escuela o formación superior) poco tiempo se invierte en descubrir la pasión. Nos focalizamos en una determinada disciplina porque las expectativas de enriquecernos económicamente o de encontrar seguridad son altas, por ser una tradición familiar o simplemente por no saber qué deseamos en esa etapa de nuestra vida. En alguna ocasión la vislumbramos en un proceso algo costoso de acierto-error. Tras algunos tropiezos, y si esa pasión todavía sigue latente, puede que una conversación, una lectura determinada o incluso el mensaje de alguna película nos hagan recordar nuestro propósito o pasión en la vida.

Hace muchos años, trabajando como director financiero, donde a ojos vista podría haber éxito, vivía más bien en el vacío y la tristeza sencillamente porque aquello no me gustaba. Poco a poco me iba apagando. ¿Cumplía? Sí, pero estaba sin alma, sin pasión, aunque trataba de ser profesional. Cierto día una frase vino a mi mente: «Lo duro en la vida no es que te vaya mal, sino que te vaya bien en lo que no te gusta».

¿Cuántas personas y cuántos profesionales se encuentran en esta situación? El éxito profesional no va acompañado de coherencia con el propósito de vida, si es que se ha descubierto. En una de sus reflexiones, Alan Watts preguntó a unos estudiantes qué harían si el objetivo de sus estudios no fuera ganar dinero, y ahí se descubrió lo auténtico que les movía: los que habían encontrado su pasión veían el dinero como un resultado, no como un objetivo, y esto aportó a sus vidas sentido, fuerza y alegría. Ahora bien, el futuro éxito depende no solo de la pasión, sino también del talento. La pasión generará la actitud para el éxito; el talento será el medio.

Igualmente, debemos preguntarnos si las organizaciones fomentan la pasión o más bien la castran,

Lo duro en la vida no es que te vaya mal, sino que te vaya bien en lo que no te gusta.

manipulan o simplemente la van haciendo desaparecer de forma intencionada o como fruto de su mal funcionamiento. Sería interesante reflexionar si hay espacios de escucha para compartir las ideas o mejoras que apasionaría al personal llevar a cabo. Recordemos cómo se encontraban la ilusión y las expectativas cuando aterrizamos en alguna organización de nuestra vida profesional. Pensemos en cómo evolucionaron o en cómo están evolucionando en este momento y observemos cuánta gente apasionada vemos en nuestra empresa.

Una compañía sin pasión es una organización estéril. No hay ideas porque fueron castradas y, si se escucharon, puede que en el devenir de su implantación mueran por el camino. Sin pasión no hay

La pasión generará la actitud para el éxito; el talento será el medio.

discusiones, sino indiferencia, aceptación y pleitesía. Se desconecta, entrando en «modo hibernación».

Por eso diría que no hay que cambiar a las personas, sino las organizaciones. Porque si una persona se reactiva pero la empresa no, tarde o temprano matará ese despertar o acabará expulsándole o marchándose. El cambio debe ser global, en su raíz, que es la cultura de la organización. Y cuando digo «cambiar», hablo de despertar esa ilusión con la que se llegó el primer día.

Tal vez el primer paso sea preguntarnos como organización, como directivo o incluso a nivel personal qué estamos haciendo para descubrir, recuperar, activar y dar salida a nuestra pasión y qué debemos modificar como personas, equipos u organización. Ante un mundo tremendamente complejo, es necesario activar todo nuestro talento, y eso solo lo conseguiremos si algo nos apasiona de tal manera que despertemos cada mañana con ganas de llevar a cabo aquello que nos hace sentir plenos.

¿Debería ser la felicidad de los empleados uno de los objetivos de las organizaciones? Empleados «felices» no es lo mismo que trabajadores «apasionados», pero los empleados apasionados serán felices en el camino de lograr sus retos y sueños si la empresa se lo permite.

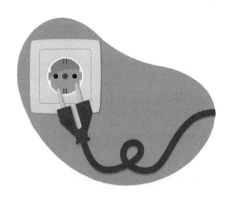

UNA COMPAÑÍA
SIN PASIÓN ES
UNA ORGANIZACIÓN
ESTÉRIL.
SIN PASIÓN
SE **DESCONECTA**,
ENTRANDO EN
**«MODO
HIBERNACIÓN»**.

CAPÍTULO 3

LA SUPERVIVENCIA NO ESTÁ EN LA ADAPTACIÓN

no de los mantras repetidos en conferencias, congresos y redes sociales es que para sobrevivir debemos adaptarnos. Tal vez la frase más utilizada en la crisis financiera de 2008 fue la cita de Charles Darwin: «La especie que sobrevivirá no es la más inteligente, sino la que mejor se adapte al cambio». Pero posiblemente Darwin haya quedado obsoleto.

Ronald Laing, psiquiatra escocés, afirmaba: «Vivimos en un momento de la historia en el que el cambio es tan acelerado que empezamos a ver el presente solo cuando ya está desapareciendo».

¿Podemos basar nuestra supervivencia en la adaptación ante un mundo salvajemente cambiante? ¿Acaso no llegaremos tarde como profesionales o como organizaciones?

Entiendo la «adaptación» como un proceso en donde el tiempo es parte intrínseca de ella. La naturaleza es buena muestra. Las especies que han sobrevivido han experimentado años y años de mutación en algún aspecto biológico que les permitió sobrevivir ante el ecosistema hostil en el que se encontraban. Pero ¿qué sucede si el ecosistema hostil está mutando constantemente debido a la tecnología, la globalización y la aceleración de los

Darwin ha quedado obsoleto. Quien base su supervivencia en la adaptación llegará tarde a los cambios.

cambios? Hace falta algo diferenciado del concepto «adaptación» si queremos sobrevivir.

Y creo que la palabra que mejor lo podría definir es *reacción*. La supervivencia no está en la adaptación, sino en la reacción o incluso en la anticipación. Tener una empresa que reacciona supone dar respuesta de forma rápida y ágil, es cambiar el rumbo cual velero de alta competición y no como pudiera hacerlo un trasantlántico.

Durante el período inicial de la pandemia, las compañías se vieron obligadas a reaccionar de forma inmediata ante una incertidumbre total. Nada sabíamos de lo que podría suceder al día siguiente. Nos vimos en una situación donde no podíamos

La supervivencia ya no está en la adaptación.

asistir a nuestras oficinas y a la vez nos veíamos obligados a que tomar decisiones estratégicas y tácticas de enorme calado. En todo este proceso, una alta directiva me compartió que había sido uno de los períodos de mayor satisfacción por la autonomía y rapidez para poder tomar decisiones e implementarlas: no había tiempo para debatir en interminables consejos de dirección, donde los egos y batallas internas podían contaminarlas, además de la inoperatividad para la toma de decisiones. En el período pandémico estuvo sola y con una enorme responsabilidad, pero a la vez llena de confianza y gestionando los innumerables avatares de la crisis de forma excelente.

Pero llegó la normalidad y con ello regresaron el control y las reuniones para autorizar lo que en otro tiempo se implementaba sin dilación. ¿Dónde estaba la confianza? ¿Qué había sucedido? Esto le llevó a preguntarse cómo era posible que en la mayor crisis conocida en nuestra reciente historia, donde vidas humanas corrían peligro, pudo dirigir con autonomía, confianza y responsabilidad de forma exitosa, para posteriormente en situación de normalidad se le castraba de forma extrema. ¿Por qué? ¿Acaso no habíamos aprendido nada?

Me atrevo a decir, a riesgo de estar en desacuerdo con los lectores, que la supervivencia no está en la adaptación. Un mundo en constante cambio, con una casi infinita incertidumbre, genera tsunamis económicos o políticos que hacen que el fenómeno «cisne negro» (concepto definido por Nassim Taleb como eventos imprevisibles de enorme escala y cuya lógica se explica *a posteriori;* recuerda el Brexit o la presidencia de Donald Trump) sea algo habitual. Ante ello, debemos crear organizaciones que reaccionen con rapidez y agilidad ante el cambio exterior. Si cierra un mercado, hemos de ser rápidos para crear o movernos a otro. Si aparece una tecnología disruptiva, tenemos que sacar provecho de ella lo antes posible u otros lo harán. La adaptación nos hace llegar tarde al mercado y, cuando lleguemos, puede que la competencia nos haya quitado todos los clientes. Nuestro reto es reaccionar, lo que supone tener unas metodologías de trabajo, una arquitectura organizacional y una cultura que nos permitan movilizar recursos y personas de forma inmediata.

Ahora bien, podemos ir más allá, anticiparnos, es decir, ir por delante a la espera de que suceda el cambio y nos encuentre ya preparados. Pero ir por delante no significa que sea el momento de implementar nuestros avances, sino de estar preparados, innovando y con un pie en lo que se avecina, cual navegante que prevé una tormenta. Hay innumerables ejemplos de fracasos de propuestas inteligentes para las que por diferentes razones no era el momento pero que triunfaron años más tarde en manos de otros. Y también hay quienes se anticipan, siendo rupturistas y generadores de tendencia.

En ambas formas, reacción o anticipación, la clave está en la cultura de la empresa, que es la que permite que las metodologías de trabajo o la propia estructura organizativa faciliten o dificulten esta velocidad de cambio. Y podemos encontrarnos con que la «zona de confort» y disfrute de algunas compañías está en innovar, evolucionar y aplicar la mejora continua como parte de su ADN. Se convierten así en fuente de inspiración para otras organizaciones. El gran reto es que ese espíritu no muera en la burocratización o en las luchas de poder fruto de su crecimiento. Todos sabemos de casos bien conocidos o cercanos.

Por tanto, seamos sinceros y miremos nuestra organización y veamos si somos estáticos, adaptativos, reactivos o innovadores (incluso copiando bien). Nuestro futura supervivencia está en ello. Y no importa el tamaño, pues hay innumerables ejemplos de cómo grandes empresas han evolucionado hacia otro tipo de estructuras (sistema operativo dual, equipos autónomos, escuadrones y tribus, etc.) para pasar de orquesta sinfónica a muchos grupos de *jazz,* de trasatlántico a multitud de *start-ups;* eso sí, alineados con un propósito que a la vez da autonomía para ser rápidos y ágiles.

Si fichamos talento, dejémosle jugar y creemos las condiciones y las reglas básicas para que fluya en armonía y dé respuesta a los cambios radicales que nos esperan.

CAPÍTULO 4

¿SABEMOS MOTIVAR? LA REALIDAD DICE LO CONTRARIO

En los discursos oficiales de las organizaciones se afirma que las personas son lo más importante, pero la realidad parece que dice todo lo contrario. ¿Cuánto tiempo dedicamos a reconocer, escuchar, retar y hacer crecer a quienes están bajo nuestra dirección? Algo está fallando, pero de origen.

En nuestra formación académica invertimos ingente cantidad de tiempo y de neuronas en conocimiento técnico. Nuestra capacitación como profesionales y hasta nuestra propia venta profesional en el mercado laboral se basan en ello. Pero ¿cuánto tiempo se invierte en la formación para liderar, dar *feedback* adecuado o actuar con inteligencia emocional en los conflictos? La realidad nos dice que muy poco o nada. ¿Acaso no hay una contradicción?

Pero voy más allá. Viendo esta carencia, me pregunto si hemos sido capaces de formarnos y ahondar en ello *motu proprio.* Habilidades como corregir comportamientos, hacer preguntas que inviten a tomar conciencia y descubrir, saber ayudar a encontrar un propósito o sencillamente motivar a quienes nos rodean son asignaturas de todo gestor de personas. Los analfabetos emocionales las calificarán de *tonterías,* con el famoso «aquí se viene a trabajar», pero olvidan que no podemos separar a la persona de sus emociones, y son precisamente ellas las que hacen que tengamos a seres humanos implicados o por el contrario alienados y desmotivados.

Supongamos que eres uno de los pocos que te has formado en estas habilidades. He aquí la pregunta que cuestiona el discurso organizativo: ¿dispones de tiempo para invertirlo en escuchar, retar y hacer crecer para crear entornos motivantes? Mucho me temo que el día a día no te deja. Y así las organizaciones se convierten en lugares donde la mayoría de las personas no se realizan ni crecen. Y, poco a poco, lo que era ilusión por un nuevo trabajo, donde el primer día estaban plenas de motivación, se va convirtiendo en una rutina o en un pozo de quejas no atendidas: falta de recursos, excesivas horas, ausencia de reconocimiento, guerras palaciegas, egos a sus anchas y un largo etcétera.

En ocasiones algún valiente director general o de recursos humanos se atreve a realizar un cuestionario de clima laboral donde se garantiza el anonimato al cien por cien —sin esto no valdría ninguna encuesta— y descubrimos aspectos que están minando la pasión, la ilusión y la motivación de nuestra gente, esa que intentamos motivar en algún congreso o encuentro trayendo a un *speaker* para cargar las pilas el fin de semana hasta que el lunes se encuentran con la realidad que no ha cambiado: la misma falta de recursos, las mismas excesivas horas y el mismo ecosistema antes de asistir a la charla motivante. Las personas piden cambios, no distracciones. Los equipos necesitan liderazgo, no solamente gestión. Los seres humanos demandan respuestas, no entretenimiento superficial.

Aquí puede que nos encontremos la típica afirmación «la gente debe venir motivada de casa», que refleja ignorancia, arrogancia y condescendencia. No dudo de su veracidad, pero sí la pongo en entredicho si quien la pronuncia es consciente de que quien desmotiva es la organización y no la persona que llegó a trabajar a ella una vez ilusionada.

Tal vez el arte de motivar sea la búsqueda del santo grial del *management*. Todos invierten en estimular a sus equipos y para ello contratan a profesionales especializados en ello, generan incentivos y bonos, forman a sus líderes en dicho arte, realizan *outdoors,* etc., ¿pero todo esto está funcionando debidamente o quizás nos estamos equivocando en el foco y en la forma? ¿Únicamente el dinero, el bono o el reconocimiento exterior a final de año estimula o compensa ese esfuerzo y sacrificio? Sería interesante indagar un poco más en cómo funciona, o no, la motivación y qué palancas hay para activarla y potenciarla, al igual que tomar conciencia de los perversos efectos de ciertas técnicas que generan el efecto contrario.

1. Tres cuestiones previas

Deberíamos poner en la mesa tres aspectos antes de ahondar en cómo funciona la motivación.

El primero y muy obvio es que cada persona se motiva de forma diferente, por lo que no podemos aplicar el café para todos. Y aquí hay una enorme complejidad porque, en primer lugar, significa detectar el interruptor emocional de cada miembro de nuestra organización o del equipo, y para ello hemos de estar entrenados o tener la sensibilidad o los mecanismos para detectarlos. Para unos será el reconocimiento, para

Antes de motivar, deberíamos descubrir y subsanar lo que desmotiva. Sería más barato, efectivo y realista.

otros el aprendizaje y para otros el desarrollo profesional. La lista puede ser tan infinita como miembros haya.

La segunda dificultad consiste en poder dedicar tiempo a hacer crecer esa energía latente que está en todo ser humano, pues todos nos hemos entregado en alguna actividad de forma apasionada. ¿Qué tenía aquello que despertó nuestra pasión? ¿Podemos replicar las condiciones para liberar esa energía en la empresa?

La tercera cuestión que me atrevería es que, antes de ponernos a motivar, deberíamos dejar de desmotivar. De nada sirve llenar un cubo de agua si no tapamos previamente los agujeros. Es así como se trabaja en muchas organizaciones: se ofrecen bonus, planes de carrera, formación, etc., pero no se han solucionado los factores que desmotivan, los llamados *higiénicos*. ¿Sirve de algo incorporar a alguien a un proyecto de notable visibilidad incrementando su motivación mientras su nueva carga de trabajo no es acompañada de más recursos, talento o tiempo para llevarlo a cabo? Más bien tras la motivación inicial se encontrará tarde o temprano con un enorme estrés, además de con futuros conflictos y una enorme frustración entre las expectativas y el desempeño que alcanzará debido a sus limitados recursos.

2. Elementos higiénicos: arregla primero lo que desmotiva

Los elementos «higiénicos» son aquellos que, si faltan, desmotivan, pero, si existen, no motivan. Un buen ejemplo es la salud. Cuando carecemos de ella, bien que sufrimos, por muy banal que resulte la enfermedad; sin embargo, cuando disfrutamos de ella, apenas la valoramos. En el mundo empresarial sucede en muchos aspectos, que podrían dividirse en tres:

- Factores operativos: falta de recursos, condiciones de trabajo, excesivo número de horas, etc.
- Factores humanos: bajo salario, diferencias salariales injustas, mal clima laboral y falta de conciliación física y emocional.
- Factores de jerarquía: injusticias, incumplimiento de promesas, falta de reconocimiento, egos, abuso del cargo, agresividad en las formas, etc.

¿De qué servirá asistir a una conferencia motivacional si antes no arreglamos esta larga lista? Será pan para hoy y hambre para mañana. Por tanto, antes de motivar e intentar llenar el cubo de la motivación, tapemos sus agujeros y resolvamos lo que desmotiva a nuestra gente.

3. Qué motiva a las personas

Una vez resuelto lo anterior, el gran reto es saber qué elementos realmente motivan a las personas y en cuáles tal vez la ciencia esté revelando que hemos andado erróneos en su aplicación.

Propósito

Empecemos con el más olvidado, menos trabajado y posiblemente la fuerza más potente que mueve a las personas: el propósito. Cuando lo encontramos, sea como individuo o como organización, todo cobra sentido, incluso el mayor de los sacrificios. La razón es ser conscientes de que formamos parte de algo más grande que la tarea que realizamos. Puede que compremos y vendamos empresas o simplemente contabilicemos facturas, pero el propósito puede marcar la diferencia. Steve Jobs lo materializó perfectamente cuando, ante la negativa de John Sculley, CEO de Pepsi, de unirse a Apple, Jobs le preguntó: «¿Prefieres seguir vendiendo agua azucarada el resto de tu vida o venir conmigo y cambiar el mundo?». O cuando John F. Kennedy afirmó que el objetivo de la Administración Nacional de Aeronáutica y el Espacio (NASA) era «llegar a la Luna antes que los rusos». Como bien afirmaba uno de sus miembros, «la gente ha soñado ir allá durante miles de años, y nosotros vamos a hacerlo». Esta es la potencia de un propósito, que consigue activar nuestro afán de superación de las creencias limitantes.

Sin embargo, las empresas no ponen en valor esta fuerza infinita. Eso sí, hacen grandes inversiones en definir misión, visión y valores. Pero prueba a preguntar a un trabajador que está en el campo de batalla diariamente si conoce esas definiciones. Auguro una cara de sorpresa e ignorancia. Si lo que debe darle sentido a trabajar en esa organización tiene más de una línea para describirlo, no apasionará. Si lo que nos haría superarnos está en un documento y no en nuestra alma, de nada servirá.

Definir el propósito supone activar la motivación «intrínseca» organizacional, aquella que llena

Misión, visión, valores: si lo que debe apasionar está en un documento y no en el alma de las personas, estaremos fallando.

nuestro espíritu y nos vincula más allá de las tareas que debamos desempeñar. Y si no, pregúntaselo a un misionero, a un investigador o a un científico. Su propósito es su auténtica fuerza motivadora. Si no sabes por qué lo haces, nunca encontrarás tu fuerza interior. Es el tipo de sueño que no te deja dormir, el que genera que desees levantarte para poder materializarlo, el que hace que los lunes sean una oportunidad de estar más cerca de ello.

Flujo

Un segundo elemento, igualmente intrínseco, es encontrar la motivación en la propia tarea descubriendo y generando la sensación de flujo. El disfrute está en el propio desempeño de la actividad.

¿Es posible conseguir la sensación de presente y disfrute en un espacio tan complejo como el lugar de trabajo? Aquí tenemos que recurrir al concepto de «fluir» definido por Csikszentmihályi, ese «estado en el que uno se siente completamente absorto en una actividad que proporciona placer y disfrute». Y curiosamente el ámbito laboral es donde, según sus investigaciones, era más frecuente encontrarlo.

Hay actividades que son un disfrute personal por el simple hecho de realizarlas. Pueden ser practicar un deporte, dirigir un equipo, hacer estimaciones matemáticas, coordinar un almacén o desarrollar un programa de *software*. No importa si existe o no el propósito; es la propia tarea en sí la que genera satisfacción y disfrute y, por tanto, motivación. Por ello es tan importante situar a cada persona en el entorno en el que sus talentos y capacidades puedan ponerse en valor y a la vez generen disfrute personal.

¿Cómo podemos llevarlo a cabo? ¿De qué manera podemos generar una implicación y concentración total en la actividad que estemos desempeñando y a la vez que sea motivo de disfrute?

Creo que para empezar habría que dividir a las personas en dos grupos. Hay quienes tienen una vocación y su propio trabajo es su expresión (médico, profesor, etc.). Realmente lo tendrán más fácil para encontrar la experiencia de disfrute. Es el llamado *ikigai,* palabra japonesa que se define como el «arte de vivir», siendo la confluencia entre «lo que amas», «en lo que eres bueno», «lo que necesita el mundo» y «por lo que te pueden pagar». Ahora bien, esto también dependerá del ecosistema que les rodee: ambiente, compañeros, recursos, etc. De nada servirá encontrar el lugar donde tu actividad te permite fluir, aportar valor y disfrutar, si el entorno lo descompensa.

Ahora bien, ¿qué sucede con todas esas personas que no tienen una vocación? ¿Cómo ayudamos a encontrarla a quienes tienen un trabajo que a primera vista es rutinario y aburrido y no les lleva a crecer? ¿Podemos encontrar disfrute en ello? La respuesta es sí. Hay personas con la actitud adecuada para transformar tareas no motivantes en un reto que les genera concentración, superación y hasta disfrute. Y permíteme poner como ejemplo a un reponedor de una gran superficie (en principio, tarea rutinaria y nada motivante) que supo convertir su tarea rutinaria en un objetivo estimulante, con variables como tiempo de realización, mejora del índice de caducidad de los productos, competencia amigable con compañeros, etc. Lo rutinario lo transformó en reto; de ahí su disfrute y su motivación por superarse. Está en nosotros qué actitud y qué elementos añadimos a una tarea rutinaria para transformarla en un reto que nos genera concentración y superación.

Te voy a contar una interesante lección en mi visita a Alcatraz (San Francisco). Como un nivel superior de castigo, los presos eran enviados al «agujero», una celda de aislamiento donde se les castigaba con una oscuridad total durante un máximo de 19 días. Intenta imaginar esta situación. Sin duda, una oportunidad para acercarse a la locura. Pues en esta visita explicaban cómo un preso inventó un juego que le mantuvo ocupado durante el tiempo de estancia en este horrible lugar. Se arrancó un botón de su vestimenta y lo tiró al suelo. El reto era encontrarlo en la oscuridad total. Una vez que lo encontraba, lo volvía a lanzar para de esta forma tener ocupada la mente en el reto más que en la situación que estaba viviendo. La lección es clara: de la rutina, al reto. ¿Podemos definir variables que añadan complejidad, motivación y afán de superación en una tarea metódica y rutinaria? Es ahí donde la motivación intrínseca del fluir depende únicamente de nosotros.

El exterior: errores y aciertos

Y si no hay propósito ni disfrute en la tarea, ¿cuál podría ser su motivación? Hay personas que no tienen ni un propósito en especial ni una motivación por las tareas que puedan desempeñar; es ahí donde existen estímulos extrínsecos que buscan generar motivación.

El primero y más tradicional es el interés generado por recompensas externas tales como dinero, poder, fama, posición o reconocimiento. Es la zanahoria que alguien nos pone —o nos ponemos— que activa el esfuerzo por conseguir su logro. Pero tal y como Daniel

Pink afirma en su *bestseller La sorprendente verdad sobre qué nos motiva,* posiblemente estos estímulos externos generan algunos efectos perversos que la ciencia ha demostrado pero el mundo empresarial sigue sin ver.

Estos efectos se pueden dividir en dos grupos: aquellos cuyos estímulos externos reducen los efectos positivos, sea eliminando la motivación intrínseca, reduciendo el rendimiento, restando creatividad o limitando la buena conducta, y los que generan efectos negativos, potenciando una conducta poco ética, adicción a la recompensa o simplemente fomentando el corto plazo a costa de que otros sufran en el largo plazo.

Obviamente no podemos ser ajenos al estímulo de las recompensas externas, pero es necesario profundizar en qué momentos y en qué medida son rentables sin generar efectos perversos. Baste con poner varios ejemplos: recompensa a tu hijo para conseguir algo, sea estudiar o realizar una tarea en casa, y verás cómo no volverá a hacerlo a menos que se repita la recompensa o se incremente. Por otro lado, ¿cuántos casos de corrupción empresarial, política o deportiva conocemos por ambicionar las recompensas externas? Podemos añadir el efecto negativo que se produce en las organizaciones cuando el logro del *bonus* limita las ambiciones de los proyectos. He conocido a directivos que, una vez alcanzados los objetivos a mediados de año, decidían no seguir trabajando no fuera a ser que para el siguiente la exigencia fuera mayor.

4. Qué hacer

Es posible y deseable que existan los tres elementos comentados: propósito, flujo y recompensa externa. Es ahí donde los directivos deben trabajar. ¿Cómo? En primer lugar, solucionando lo que desmotiva (elementos higiénicos); a continuación, liderando a la organización para encontrar un propósito que englobe los propósitos individuales, y, en tercer lugar, colocando y desarrollando el talento para que el trabajo sea «flujo», disfrute y realización personal. Tras todo ello, deberán reconocerse debidamente unas veces el logro, otras el esfuerzo y otras la aportación de valor humano en la empresa.

CAPÍTULO 5

POR FIN DESAPARECEN LOS PROBLEMAS: *JIDOKA* + NETFLIX

Hay preguntas que no queremos hacernos. O, cuando nos las hacemos, es posible que no queramos responderlas porque supone poner a la organización frente a un espejo. Entre ellas podrían encontrarse qué problemas tiene mi organización, cuánto tiempo lleva con ellos, cuánto tiempo va a seguir con ellos y por qué se producen y mantienen en el tiempo.

Responder de forma reflexiva a estas cuatro cuestiones nos hace tomar conciencia del tipo de compañía de la que formamos parte. Es posible que sean muchos los problemas, o tal vez, siendo pocos, que lleven mucho tiempo sin solucionarse. Ahora bien, ¿cuál es el coste de todo? Seguramente horas y horas de trabajo extra, prolongar problemas fuera del horario laboral sin una conciliación mental con la vida personal, repetición constante de los mismos problemas y, cómo no, una continua disminución de nuestra motivación. Y ante ello nos podríamos plantear qué sucedería si toda esta energía vital se enfocara en generar valor añadido en lugar de perderse en un *déjà vu* constante.

Posiblemente la respuesta más dolorosa sea la correspondiente a la cuestión sobre cuánto tiempo vamos a continuar con ellos. Es frecuente, cuando tengo ocasión de planteársela a los clientes, que su expresión refleje un sentimiento de consternación y cuestiona-miento personal ante el futuro que vislumbran.

Pero ¿por qué permitimos que los problemas sur-jan, perduren en el tiempo y sobre todo tengan visos de continuar casi indefinidamente? La eterna respuesta es bien conocida: el día a día impide cambiar el día a día. Y así podremos estar cinco, diez o quince años. Es como andar con una piedra en nuestras zapatillas, que, si bien nos hace ser mucho más lentos, impro-ductivos e ineficientes, por temor a parar y creer que perderemos el tiempo, seguiremos cojos en nuestro devenir como organización.

Pero la solución es parar aplicando el principio *jidoka*.

Jidoka es una palabra japonesa que podríamos traducir como «automatismo cuyo objetivo es fabri-car sin defectos». Recurriendo un poco a la historia para entender su origen, aplicación y éxito, la utilizó por primera vez en 1896 el inventor japonés Sakichi Toyoda, quien más tarde se convirtió en el creador de Toyota Motor Company.

Creó en su momento un dispositivo capaz de detener un telar en el mismo momento en el que se rompía uno de sus hilos. Igualmente alertaba mediante una señal visual (Andon) al operador de la máquina de su detención para que inmediatamente se pudiera subsanar dicha rotura. La filosofía que lo fundamenta es detectar al instante cualquier defecto que pueda ocasionar males mayores, parando y resolviendo la causa origen de forma inmediata. Solo así generaremos un sistema efectivo a la par que cien por cien eficiente.

El mismo principio se aplicó en la fabricación de automóviles. El doctor James Womack, fundador del Lean Enterprise Institute del Instituto Tecnológico de Massachusetts (MIT), estudió durante el período 1975-1991 la fabricación de coches en todo el mundo. El método tradicional suponía que cada chasis pasaba de un trabajador a otro para que desarrollara la función asignada. Solamente debía hacer esa función. Cualquier error lo corregían los inspectores del control de calidad al final de la cadena.

El curioso descubrimiento de la investigación consistió en constatar que los alemanes tardaban más tiempo en arreglar un coche que los japoneses en fabricarlo. Si bien los alemanes ocupaban 57 h en producir un vehículo, los japoneses utilizaban 17. En cuanto a la tasa de defectos, los alemanes tenían un 79 % y los japones, un 34 %. La razón era sencilla: los japoneses aplicaban el principio *jidoka*.

En las fábricas de Toyota cualquier trabajador podía parar la línea de producción si detectaba un error. Arreglaban un problema una vez y quedaba solucionado para siempre. Si no lo hacían, ese mismo defecto podría repetirse en cientos de vehículos.

Uno de sus brillantes ingenieros y experimentado directivo, Taiichi Ohno, cambió uno de los preceptos fundamentales de la cadena de montaje: colocó un cordón en cada paso de la cadena de montaje para que cualquier trabajador pudiera parar en seco la línea de producción si detectaba un error. El objetivo era asegurar que los ingenieros y trabajadores de la cadena acudieran de manera inmediata para identificar y encontrar una solución. Arreglaban el problema en el acto y evitaban que se pudiera repetir en cientos de vehículos.

Es decir, no nos quedemos en subsanar el síntoma; solucionemos la causa que está generando los problemas.

1. *Jidoka* en el *management*

¿Qué nos impide aplicar este principio en nuestras organizaciones? ¿Cuál es la causa de no parar nuestra cadena de producción (fabricación, servicios, asesoramiento, etc.) para resolver la infinitud de problemas repetitivos que afectan a la eficiencia y sobre todo al estado emocional de las personas? ¿Por qué permitimos que la compañía somatice los problemas y sus consecuencias? ¿Dónde se manifiesta el liderazgo? ¿Es esto poner a las personas en el centro?

Hace varios años, trabajando como consultor para una empresa de distribución de petróleo, recibí una llamada del departamento de administración para eliminar las 2 h de media diarias —sí, diarias— que cada empleado regalaba a la empresa para poder sacar el trabajo adelante. Tomaron conciencia de que no podían seguir así durante más tiempo. En muchas ocasiones, por un lado, se demandan más recursos y personal y, por otro, no hemos sido capaces de diagnosticar si estamos siendo lo suficientemente eficientes en nuestra forma de trabajar. Y es aquí cuando decidieron aplicar la filosofía que fundamenta el concepto *jidoka:* detener su cadena de producción (en este caso el departamento de administración) para diagnosticar y resolver el problema con inteligencia y liderazgo colectivo.

Esto supuso dedicar horas a analizar las ineficiencias, los errores y los malentendidos con otros departamentos, así como un sinfín de detalles que generaba ese sobreexceso de horas. Se pusieron manos a la obra, con formación para ser más eficientes, ayuda interna y externa y, sobre todo, un enorme compromiso por ser más efectivos y eficientes. Habían tomado la decisión de parar, diagnosticar y resolver de una vez por todas la inoperatividad en su forma de trabajar; en definitiva, de eliminar gran parte de las causas que generaban la continua disminución de la motivación, el compromiso y la ilusión que podrían haber tenido cuando se vincularon a la organización.

2. Los principios de *jidoka*

Jidoka se basa en cuatro principios muy simples: detectar anomalías, parar de forma inmediata, informar a la dirección y/o a los afectados y dar una solución inmediata.

Detectar anomalías

Hay muchas y variadas formas de realizarlo en la organización, como a través de una encuesta bien ejecutada de clima laboral (garantizando el completo anonimato de quienes responden) o de un *feedback* 360° a los mandos de la empresa —no me explico cómo esto no se hace en todas—. Igualmente, si analizamos los flujos de trabajo, podemos encontrar numerosos embudos que impiden la eficiencia del sistema.

Esto último fue lo que llevamos a cabo en el caso mencionado para detectar dónde se producían las anomalías en el flujo de trabajo. Posteriormente, procedimos a jerarquizarlos en función de diferentes criterios (urgencia, motivación, repercusión, etc.), para finalmente crear un plan de acción para ir acometiéndolos de forma colectiva.

Un tándem transformador: *jidoka* + Netflix

En el libro *Aquí no hay reglas,* Reed Hasting y Erin Meyer desarrollan con gran apertura, generosidad y sinceridad los peculiares factores que han generado el crecimiento y la continua evolución que todos conocemos.

Uno de los elementos más distorsionadores en su lectura es la obligación de ser sinceros. Sí, has leído bien: «la obligación de ser sinceros». Tenemos la tradición de evitar los conflictos, tanto en lo personal como en lo profesional, pero lo cierto es que no se evitan; más bien se interiorizan y se posponen, generando un diálogo interno dañino, frustrante y sobre todo desgastante, que puede llegar a originar un gran conflicto en el momento menos pensado.

Como parte de su ADN, Netflix fomenta y exige que todos sus trabajadores, sin importar la jerarquía ni la casuística, informen debidamente de cualquier anomalía que perciban. Eso sí, «con una intención positiva, no para atacar o herir a nadie, sino para poner sentimientos, opiniones y críticas encima de la mesa y abordarlos». Como bien se afirma en el libro, «en Netflix, no hablar cuando se discrepa con un compañero o se tiene una crítica que podría resultar útil se interpreta como deslealtad. Al fin y al cabo, podría ayudar a la empresa, pero se ha decidido no hacerlo». Tienen claro que un «círculo de críticas constructivas es una de las herramientas más eficaces para mejorar el rendimiento». Pero tranquilos, que también han definido unas directrices para llevarlo a cabo de forma correcta y productiva.

Lo que quiero destacar de este aspecto de la cultura es la radical claridad de no dejar postergar lo que es dañino para la compañía. Sé que tenemos aversión al conflicto, tal vez porque tardamos demasiado tiempo en manifestar nuestro malestar, y es entonces cuando perdemos las formas; o porque tenemos miedo de las consecuencias. Aquí hay un enorme trabajo para hacer evolucionar la forma de pensar de emisor y receptor. Una crítica es un regalo, una información valiosa que evita que seamos como el rey desnudo, al que nadie se atrevía a decírselo por temor a las consecuencias. Pensemos en los beneficios de la radical sinceridad, pero teniendo en cuenta las formas y el momento.

Parar de forma inmediata

Cuando percibamos un problema, no lo evitemos, escondamos o solucionemos en la superficie. Apliquemos el segundo paso del concepto *jidoka:* «parar de forma inmediata». Entendámoslo: esto no significa dejar de trabajar, sino asignar un tiempo de manera inmediata para acometer el problema. Y no solo para resolver el síntoma o la manifestación de ello, sino para invertir tiempo en atajar la causa del problema y de esta manera evitar que se repita en el futuro.

En el caso comentado, se diseñaron sesiones de trabajo, si bien con las clásicas quejas iniciales de «no hay tiempo», «tengo mucho que hacer» o «no va a servir para nada». Fue necesario hacerles ver que había que «invertir tiempo para ahorrar tiempo». La clave estaba en priorizar los proyectos que produjeran resultados en el corto plazo. Este proceso y sus resultados tempranos fortalecieron la motivación y aportaron sentido al esfuerzo que suponía.

Seamos conscientes de que, si no paramos para investigar las causas, seguiremos generando un daño a la organización en sus dimensiones operativas (costes y tiempo) y emocionales (conflictos y desmotivación) al repetirse constantemente. ¿Tiene esto sentido?

Informar a la dirección y/o a los afectados

El tercer paso es informar a las personas pertinentes, sean la dirección y/o los departamentos involucrados. Es aquí cuando rompemos las barreras de los silos departamentales, generando una comunicación transversal en aras de evitar un problema que puede repetirse si no se toman las medidas adecuadas.

Con ello se persigue que quienes lo intenten solucionar cuenten con toda la información y el conocimiento de los implicados. Es frecuente que se tomen medidas unilaterales, no solo por departamento, sino entre miembros de una misma jerarquía, sin indagar en los sufridores del problema. Supone el primer paso para crear inteligencia colectiva: reunir el mayor número de neuronas posibles, independientemente de su cargo o estatus organizativo.

Dar una solución inmediata

El cuarto paso consiste en solucionar la causa del problema de forma inmediata, sin excusas o justificaciones que eviten su pronta solución. Debemos ser conscientes de que, cuanto más tiempo conlleve acometer la solución, más defectos, costes, ineficiencias y desmotivación generará el sistema. No se trata de poner una tirita a la herida. No busquemos maquillar un error; investiguemos cuál es el origen de nuestro cáncer organizacional.

En el caso compartido, las causas eran varias: falta de reconocimiento, actitud victimista, miedo a decir la verdad, injustica en las cargas de trabajo, acomodamiento e impunidad de ciertas personas, y así una larga lista de razones que nos vimos obligados a acometer con sinceridad, valentía y mucho liderazgo colectivo. ¿Resultado? En menos de un año, el tiempo extra diario dedicado a sus tareas no iba más allá de 10 min. Ellos habían hecho autocrítica, pararon, invirtieron tiempo, trabajaron de forma participativa y fueron a la raíz del problema.

La cuestión es cuánto tiempo, recursos y actitud dedicamos, no la operativa diaria que nos consume, sino parar, analizar, escuchar y mejorar la empesa. ¿O quizás existe una desidia en resolver la causa de los problemas porque en su gran mayoría no lo sufren quienes toman decisiones?

En resumen, ¿a qué esperamos para parar la maquinaria de nuestra compañía cuando detectamos problemas que afectan de manera constante a la operativa o a las personas? Tal vez esta sea la mejor inversión que podamos hacer.

Para resolver problemas: detén tu organización para diagnosticar y resolverlos con inteligencia y liderazgo colectivo (*jidoka*) y crea y fomenta la cultura de la sinceridad (Netflix).

CAPÍTULO 6

ANTIFRAGILIDAD: MÁS ALLÁ DE LA RESILIENCIA

«No existe ningún problema que no te aporte simultáneamente un don».

Ilusiones, Richard Bach

¿Qué diferencia hay entre ser frágil, duro, resiliente y antifrágil? Pertenecer a una de estas categorías supone determinar nuestro futuro como persona, colectivo, organización o sociedad. Cuando un ser vivo se enfrenta a situaciones estresantes o peligrosas, se ponen a prueba su naturaleza y su capacidad para sobrevivir. Puede ser una catástrofe natural, una crisis económica o un problema emocional. Hay especies que desaparecieron, mientras que otras no solamente sobrevivieron, sino que mejoraron, creando nuevos sistemas en un contexto diferente.

Cuando surgen estas situaciones, ponemos el foco y la culpa en la causa que lo generó y nos olvidamos de nuestra parte de responsabilidad, consistente básicamente en tener las habilidades o el entrenamiento para superarlas. La vida, y más en estos tiempos, es un continuo cambio, una incertidumbre que no se puede controlar, y menos prever. Lo único que podemos hacer es estar preparados para reaccionar debidamente, lo que dependerá de la naturaleza que poseamos, sea frágil, dura, resiliente o antifrágil. Veamos en qué consiste cada una, pues es bien cierto que pueden formar parte de nuestro ser, pero en dimensiones distintas de nuestra vida.

1. Fragilidad

Implica quiebre, rotura, debilidad. Un objeto o una persona frágil requieren un entorno estable, seguro y previsible. Nada más lejos de nuestra realidad actual. Ante la aparición de un elemento distorsionante o

La sobreprotección y la comodidad generan fragilidad, lo que conlleva ausencia de aprendizaje, de entrenamiento, de superación y de mejora.

estresante, sea incertidumbre, pérdida de control o catástrofe, la reacción será de rotura, abandono o crisis profunda.

En un ser vivo (animal, ser humano, equipo, organización, sociedad, etc.), ¿cómo se produce la fragilidad? Sencillamente generando comodidad y protegiendo o evitando situaciones estresantes. Lo podemos ver en gran medida en la educación actual de los hijos. La sobreprotección y la comodidad generan fragilidad, lo que conlleva ausencia de aprendizaje, de entrenamiento, de superación y de mejora. Esa estabilidad será la causa de no saber reaccionar cuando sea necesario. No estamos entrenados. Incluso puede que tuviéramos esas habilidades, pero el acomodamiento durmió los sentidos, añadiendo grasa actitudinal y atrofiando la capacidad para evolucionar.

Y lo mismo puede aplicarse a las organizaciones, que por su posición privilegiada, sea por monopolio, nicho legal/económico o liderazgo del mercado durante mucho tiempo, pueden sufrir acomodamiento a consecuencia de la falta de retos o competidores. Lo más triste es que el esfuerzo no será por evolucionar, sino por hacer que nada cambie, lo que creará un marco legal o político que ponga muros a la competencia. El papel de un líder será mantener esa tensión que evita el estancamiento y alimentar esa hambre y esa pasión que pueden hacer que siga evolucionando. Porque la consecuencia será ir atrofiando el talento, acomodando la ambición e inflando los egos bajo una aparente seguridad. El resultado puede ser catastrófico, como hemos visto en las recientes crisis —y en las que vendrán—. No han generado mecanismos de reacción ante el cambio, y el acomodamiento fue el generador de una crónica de una muerte anunciada.

2. Dureza

Seguramente la pensamos como opuesta a la fragilidad. La robustez indica inmutabilidad. El diamante pueden ser un buen ejemplo. En el ámbito humano, una persona dura es la que aguanta un golpe, sea físico, moral o psicológico. Sencillamente no le afecta. Tampoco hay aprendizaje ni flexibilidad. Hay personas con falta de sensibilidad a las que muchos elementos no les afectan. Puede ser natural (analfabeto emocional) o fruto de haber construido una muralla emocional para que nada les afecte. Igualmente, existen organizaciones que, debido a su tamaño, marca o cualquier otra característica, apenas se ven afectadas por determinados acontecimientos políticos, económicos o sociales.

En cuanto a las personas, puede suceder que sean duras en unos aspectos pero frágiles en otros. Un boxeador es físicamente duro, pero puede ser frágil emocionalmente. Por el contrario, una anciana es frágil físicamente, pero puede tener una enorme resistencia emocional a los embates de la vida.

3. Resiliencia

Según la Real Academia de la Lengua, esta cualidad es la «capacidad de un material elástico para absorber y almacenar energía de deformación», y desde el punto de vista psicológico, «la capacidad humana de asumir con flexibilidad situaciones límite y sobreponerse a ellas». O sea, las personas se ven afectadas pero vuelven a recuperar su forma original.

Se habla mucho de la resiliencia como cualidad humana y hasta organizacional. Sin duda es de enorme valor, pues supone volver al origen, a recuperarse. Pero me pregunto si esto supone mejorar o más bien volver a como estábamos antes. He conocido a personas que, tras una ruptura de pareja, han estado años con una crisis personal, de la que finalmente se han recuperado, pero afrontaban futuras relaciones con los fantasmas de la primera. Igualmente, he comprobado la existencia de organizaciones que, después de la ausencia de clientes por el cierre generado por la COVID-19), tuvieron la política de esperar a que abrieran los mercados. No aprendieron nada. No cambiaron nada. Se recuperaron, pero no evolucionaron.

4. Antifragilidad

¿Qué aporta el concepto antifrágil a nuestra reflexión? Taleb, el mencionado autor del interesante concepto de los cisnes negros, consideró la antifragilidad como lo opuesto a la fragilidad.

Esto supone que, ante elementos externos, estresantes y que generan desorden (incertidumbre, caos, crisis, errores, imprevistos, etc.), la persona, el ente o el sistema, sencillamente se hacen mejores y más competitivos ante el cambio sobrevenido. En resumen, no solo sobreviven al cambio, sino que se benefician de la crisis, mejorando tras ello. Ni lo robusto ni lo resiliente se ven ni perjudicados ni beneficiados por la volatilidad y el desorden, mientras que lo antifrágil se beneficia de ambos.

Esta es la cualidad que se va a demandar para la supervivencia, pues a menos que aprendamos alguna lección de cada crisis, de cada error, seremos víctimas de repetir nuestro pasado. Igualmente supone un ungüento para las personas que en etapas tempranas de su vida sufrieron carencias, fueran económicas o afectivas, al entender que era un «entrenamiento» donde dependía de ellas forjar las futuras capacidades. Solemos ver las dificultades como un problema que hay que evitar, lo que crea seres blandos, frágiles y castrados para la superación de obstáculos.

Permíteme compartir el conocido cuento donde, ante una crisis emocional de una joven, su abuela coció una zanahoria, un huevo y unos granos de café. Tras el tiempo pertinente de cocción, mostró los tres elementos ante el desconcierto de la joven. Y aquí llegó la lección. Hay personas que son como la zanahoria: son fuertes, pero ante la adversidad (el agua hirviendo) se debilitan. En cambio hay otras, como el huevo, frágiles en su esencia pero que, tras la misma adversidad, acaban siendo duras. Sin embargo, unas pocas personas son como los granos de café, que liberan su fragancia y sabor ante la adversidad. Esto es antifragilidad: la cualidad de ser mejor en la adversidad.

Necesitamos los pequeños golpes, las pequeñas crisis, pues nos mantienen despiertos, hábiles y listos para evolucionar. Constituyen el entrenamiento que mantiene en forma nuestra capacidad de reaccionar. Si creamos ecosistemas protegidos, acomodados y ausentes de elementos estresantes, se generará una castración de talento y de actitud para afrontar desafíos futuros. Ya no vale con recuperarse de un golpe; la oportunidad está en aprender, en mejorar, en evolucionar extrayendo el aprendizaje que dicho golpe nos regaló. ¿Tenemos esta actitud en nuestra vida o seguimos considerándonos víctimas de un entorno impredecible y cambiante? ¿Contamos con organizaciones ávidas de aprender y mejorar constantemente o por el contrario estamos en modo rutina o con la arrogancia generado por un monopolio temporal o por nuestra grandeza?

Los cisnes negros cada vez serán más habituales, impredecibles y a mayor escala. ¿A qué prestamos atención? ¿A los problemas (causas externas) o a las soluciones que dependen de nosotros? Ante una tormenta sobrevenida podemos angustiarnos o afrontarla con el ADN de la antifragilidad, lo que nos permitirá gestionarla con todas las lecciones acumuladas en anteriores tsunamis.

> «El secreto del éxito no es prever el futuro, sino crear una organización que prospere en un futuro que no puede ser previsto».
>
> Michael Hammel, profesor del Instituto Tecnológico de Massachusetts (MIT)

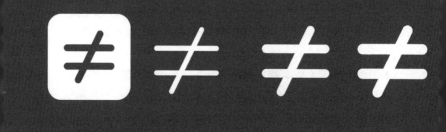

CAPÍTULO 7

LIDERAR: ¿POR QUÉ CADA UNO TIENE UN CONCEPTO DIFERENTE?

reo que el gran problema de liderar es no saber qué es liderar. Y si no, permíteme plantearte un reto: reúne a un grupo de miembros de tu equipo y pregúntales qué es liderar. ¿Cuál consideras que será el resultado? Habrá al menos tantas definiciones como personas estén involucradas en el experimento, y puede que algunas sean contradictorias.

Esto nos plantea muchas cuestiones. ¿Quién es líder y quién no lo es en la organización? ¿Cómo formamos a un líder si ya las propias definiciones son contradictorias? ¿Podemos trabajar en un concepto cuando todo el mundo piensa en una idea diferente? He aquí el peligro y el fracaso de los programas de liderazgo. Y no lo digo yo, sino Roselinde Torres, socia sénior en Boston Consulting Group y experta en liderazgo tras una investigación en 2015 en cuatro mil compañías: «La enorme obsolescencia de los programas de desarrollo de liderazgo se basan en un mundo que era, no en un mundo que es o será».

Considero que el error de base estriba en que confundimos el «qué» con el «cómo». Estoy totalmente de acuerdo en que todas las definiciones, como inspirar, motivar, exigir, retar, acompañar, escuchar y así un largo etcétera, son magníficas, necesarias

El gran error es confundir «qué» es liderar con el «cómo» liderar.

y fundamentales. Pero ¿para qué? ¿Para hacer lo mismo de siempre? Porque todas las compañías que han fracasado en el tiempo, como Kodak, Blackberry o Blockbuster, seguro que aplicaban todas estas maravillosas cualidades: retaban, exigían, hasta en cada convención inspiraban a ser los mejores y líderes del negocio. ¿Pero dónde están? Algo falla aquí, ¿verdad?

Lo voy a resumir de forma muy clara. Gestionar es hacer que una compañía funcione. Liderar es hacer que una empresa evolucione. Aquí está la clave. ¿Qué es liderar? Sencillamente, mover, movilizar, avanzar, evolucionar. En una palabra, impulsar el cambio. Si no hay cambio, no hay liderazgo, hay gestión. Y ambas son necesarias, porque la gestión sin liderazgo genera estancamiento y el liderazgo sin gestión origina caos. Y en ambas, en la gestión y en el liderazgo, podemos y debemos aplicar todos los «cómo» antes

Gestionar es hacer que una organización funcione. Liderar es hacer que una organización evolucione.

mencionados. La diferencia es que en el liderazgo se inspira para el cambio, se exige para el cambio, se reta para el cambio, se acompaña para el cambio.

Porque llevar a cabo todo esto sin ponerse en peligro es fácil. Y el liderazgo es ponerse en peligro. Supone cuestionar cómo se están haciendo las cosas para buscar algo mejor. Quédate con la definición de Marcus Buckingham: «Eres líder si y solo si trabajas sin descanso para el cambio, porque en tu mente puedes visualizar un mejor futuro, y la fricción entre lo que es y lo que podría ser te quema, te estremece, te impulsa hacia delante. Esto es liderazgo».

Parece que el líder es alguien insatisfecho, casi cabreado con el presente, porque desea un mejor futuro. Quien monta una empresa es líder de sí mismo. Quien desea cambiar el mundo aspira a liderar un cambio. Quien trabaja para mejorar su departamento también es líder, aunque no tenga cargo de jefe.

Por tanto, podemos ser buenos gestores y la organización hasta puede alcanzar altísimas cotas de eficacia y eficiencia, pero podemos desaparecer por cualquier cambio que no sepamos asimilar. Es ahí donde el liderazgo es necesario.

Pero indaguemos en aspectos más profundos que explican la inicial confusión. ¿Sobran o faltan líderes en nuestro mundo? Me refiero no solo a nivel político, sino en nuestro entorno: comunidades, equipos, barrios, clubes, colegios o universidades. Presumo que coincidiremos en ello. Falta liderazgo en nuestra sociedad. Ojalá hubiera más personas apasionadas por cambiar el mundo o los micromundos donde cada uno habita. Pero ¿por qué sucede esto? ¿Tal vez porque es incómodo y peligroso? Decidirse a liderar supone entrar en una tormenta de emociones opuestas a la comodidad: resistencias, decepciones, conflictos, tiempo, expectativas, etc. Pasas a ser el blanco de críticas, envidias, comparaciones y un sinfín de emociones que pueden frenar ese primer y noble impulso de querer hacer evolucionar una sociedad o un colectivo.

1. El arte de liderar

¿Qué es necesario para aumentar las probabilidades de un buen liderazgo? Primero, tener el arte, innato o aprendido, de activar y movilizar a las personas. Es ahí donde entran la inspiración, la escucha, la motivación o el acompañamiento. Si no sabemos encender los interruptores emocionales de los seres humanos a los que deseamos movilizar, todo será más difícil. Hay que llegar a sus mentes y corazones. Lo lamentable es la existencia de algunos líderes que han perdido la ética en el camino, pues su objetivo es manipular, enfrentar y generar conflictos. La pregunta que debemos hacer para desenmascararlos es si el foco está puesto en un mejor futuro para la comunidad o en sus propios intereses de perpetuarse en el poder.

Considero que hay dos elementos clave en la ética de un líder: unir a las personas y mirar el beneficio futuro. Quienes miren al pasado y dividan son sospechosos. Buscarán dividirnos, enfrentarnos nada más y nada menos que para ellos perpetuarse en el poder manteniendo el conflicto.

Un segundo aspecto para poder liderar es la metodología. Cuando nos embarcamos en una aventura tan incierta como es hacer evolucionar a las personas o las organizaciones, es necesario previamente diagnosticar numerosos aspectos: creencias, cultura, miedos, pérdidas, coste, etc. Además, hay que detectar a las personas influyentes que pueden ayudarnos o sabotear el cambio. Igualmente, debemos indagar en los tipos de resistencias que pueden aparecer si lo comenzamos sin ninguna preparación. También hemos de analizar cómo creamos la ambición por el cambio de manera individual y colectiva.

Y a esta metodología, desconocida en la gran mayoría de los casos por los directivos, hay que añadirle la estrategia. Cuestiones como por dónde comenzar, a qué escala y a qué velocidad se pueden ejecutar o qué es necesario posponer por el momento deben resolverse antes de comenzar.

Por tanto, me atrevo a sugerir que sigamos siendo buenos gestores de recursos para producir resultados y de personas para generar satisfacción y pasión. Pero no podemos obviar el reto que este siglo nos está planteando constantemente: el cambio. Y es ahí cuando todas las habilidades (inspirar, escuchar, exigir, etc.) deben poner su foco en liderar.

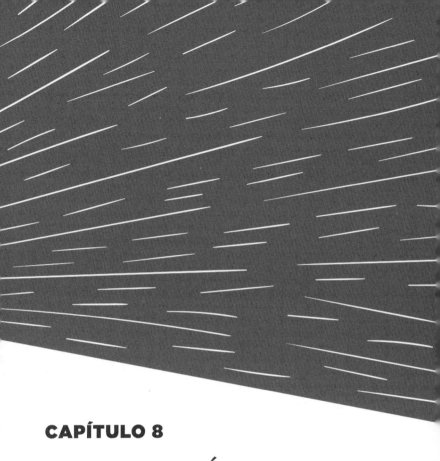

CAPÍTULO 8

¿ERES LÍDER
DE TI MISMO?

¿**P**odemos liderar a otras personas cuando no estamos siendo líderes de nosotros mismos? Si bien podemos inspirar, retar, exigir, escuchar y acompañar a un colectivo, surge la pregunta de si también lo aplicamos en nuestra propia persona.

En el deporte hay innumerables jugadores con magníficas cualidades físicas que en ocasiones son complementadas con un gran talento. Tenemos entonces la oportunidad de desarrollar a un gran deportista. Sin embargo, puede haber una debilidad, un talón de Aquiles, que podría ser la forma en la que la propia persona se autogestione mentalmente. Todos conocemos a deportistas que autodestruyeron una magnífica carrera profesional por la arrogancia en sus actitudes, el descuido físico o la falta de inteligencia emocional para tomar las decisiones adecuadas. Pero también a quienes en momentos clave aparecían para asumir la responsabilidad, el liderazgo y el riesgo de dar un paso al frente: su ambición les impulsaba a ser decisivos.

Es aquí donde entra el autoliderazgo, que se puede explicar como la capacidad para evolucionar mejorando las debilidades percibidas y potenciando las capacidades que nos distinguen y nos hacen disfrutar.

En el mundo empresarial, podría aplicarse igualmente esta reflexión. En este caso, tendremos que analizar aspectos como qué tipo de diálogo mantenemos con nosotros mismos ante las situaciones que nos retan, cómo reaccionamos ante la frustración o si el nivel de exigencia que nos imponemos condiciona o limita el disfrute en nuestra actividad. Y dependerán de nuestra inteligencia emocional la forma y el éxito con los que lo gestionemos. Poco se habla de dicha inteligencia, y menos aún de cultivarla. Más bien parece que predomina lo contrario, la estupidez emocional; de ahí los numerosos síntomas existentes, tanto en nuestras organizaciones como en nuestra sociedad.

Ser líder de nosotros mismos requiere tener un propósito, que será la estrella polar que garantice que no nos apartamos del camino. Hablo de algo que dé sentido a nuestras vidas. Algunas personas lo han encontrado en salvar vidas, otras en cambiar el mundo (o los micromundos que están a su alcance) y otras sencillamente en educar o crear una familia. Este propósito dará sentido a los sacrificios y será la gran respuesta que nos garantice que estamos siendo honestos con nosotros mismos. Y no dudes de que los avatares de la vida pueden hacernos cambiar de rumbo, unas veces paulatinamente y otras con una gran sacudida, que nos despierta, nos golpea y nos exige parar y pensar hacia dónde vamos.

Ser líder de ti mismo implica evolucionar en dos dimensiones: la emocional y la profesional.

Y tras ese propósito, nos hace falta un objetivo y un plan, tanto en nuestra dimensión humana como profesional: un objetivo para plasmar nuestro propósito y un plan para diseñar un posible camino para lograrlo. Walt Disney lo afirmaba claramente: «Pregúntate si lo que estás haciendo hoy te lleva al lugar donde quieres estar mañana». De otra forma, será Lewis Carroll en su famoso cuento *Alicia en el país de las maravillas* quien tendrá razón: «Si no sabes a dónde quieres ir, no importa el camino que sigas».

Pero debemos mirarnos al espejo sin máscaras ni justificaciones y sin culpabilizar a otros por el lugar donde estamos o el momento que vivimos. Necesitamos ver cuál es nuestro ADN psicológico para afrontar la aventura de liderar nuestra propia vida. Porque serán estas actitudes las que nos permitirán superar la tormenta previa al logro, las que alimentarán la fe en nosotros mismos, a pesar de lo desorientado que parezca nuestro rumbo, y más cuando desde fuera opinen lo desencaminados que estamos por las elecciones que hemos tomado. ¿Somos directores, productores, protagonistas y guionistas de nuestra propia vida o la dejamos en manos de otros, sea una sociedad que en ocasiones adormece, droga o esclaviza o unos seres que desde su amor o ego intentan indicarnos su camino adecuado? Es el momento en el que debe surgir nuestro propio liderazgo.

¿Y qué cualidades resaltarías para dar vida a este autoliderazgo? Destacaría como primera el espíritu de lucha, la constancia y la capacidad de sacrificio mantenida en el tiempo. Este esfuerzo generará éxitos que formarán parte de nuestra memoria y nos darán la fuerza y seguridad para afrontar nuevos retos. En cambio, la comodidad adormece nuestros talentos, nos droga y nos duerme. Tal vez en los tiempos actuales estamos protegiendo y ayudando en demasía a los más jóvenes y como consecuencia castrando la habilidad para superar los límites que su pobre autoconocimiento haya decidido fijar. El resultado suele desembocar en un discurso victimista donde la culpa siempre pone el foco en lo externo, sean padres, sociedad, circunstancias o jefes, evitando de esta manera la propia autocrítica y la responsabilidad que hay que asumir.

Pero si somos capaces de activar esta fuerza interior que se plasma en la propia superación de nuestras creencias limitantes, también debemos trabajar la aceptación. Considero que la felicidad es una delgada línea entre luchar y aceptar. Luchar por lo que te apasiona, por tus sueños, por tus retos, pero a la vez saber aceptar lo que la realidad te ofrece. ¿Cuándo decantarse por uno o por otro? Serán el arte y la sabiduría que se ganan con los años lo que nos ayude a tomar las decisiones más inteligentes. Hay grandes personajes en la historia que no aceptaron su realidad y eso les hizo alcanzar grandes hitos e igualmente existen numerosas personas que por no aceptar ciertas realidades arrastraron una vida de frustración constante. Insisto, es una delgada línea que depende de cada ser humano. Por ello, un pensamiento que siempre me ha guiado es «haz todo lo que puedas (y más) y descansa como si nada dependiera de ti».

Acompañando a estas dos actitudes, lucha y aceptación, está el valorar. ¿Cuánto tiempo perdemos pensando en tonterías, autosabotajes o viajando del pasado al futuro sin disfrutar del presente? Hay personas que incluso van más rápido que la felicidad. Ojalá pudiéramos dedicar un tiempo diario a modo de ritual para hacer «diálisis emocional», para liberarnos de todos esos pensamientos, angustias y estupideces que están en nuestra mente. Pero no se trata de comparar nuestra vida con la de otros para así sentirnos mejor, lo cual suele ser una técnica habitual, porque si entramos en la dimensión de la comparación, el ego tardará poco en meternos en la comparativa de las carencias respecto a otros. Es más profundo; supone realmente valorarnos sin compararnos, dejar de desperdiciar recursos emocionales en lo que ya no existe, el pasado y el futuro; es querernos y tratarnos debidamente. Alguien que es líder de sí mismo encuentra el equilibrio personal para vivir en el presente, en el flujo, en el momento, y no solo creando momentos «artificiales» para ello, sino en la propia acción del día a día.

Y ya puestos, querría resaltar algo intrínseco al autoliderazgo: el aprendizaje continuo. Si liderar supone cambiar y evolucionar, no podremos hacerlo sin estar aprendiendo constantemente, de aciertos, errores, consejos, lecturas o reflexiones ajenas. Ojalá este momento de crecimiento sea la zona de confort. Alguien que desee evolucionar, avanzar y mejorar no puede permitirse el lujo de no aprender. Y la humildad debe impregnar su búsqueda. El sabio es consciente de que desconoce más de lo que conoce. El arrogante o acomplejado es posible que tape sus inseguridades aparentando o rechazando aprender de todo lo que le rodea.

Y es aquí desde el aprendizaje donde pueden surgir nuevas ideas que movilicen a uno mismo o a un colectivo. Lo nuevo puede paralizar, pero también ilusionar y hacernos salir de las limitaciones en las que hemos decidido vivir. Quien desea liderarse a sí mismo debe invertir tiempo en sí uno mismo. Esto conlleva buscar momentos de sosiego, permitiendo que la mente, tras el necesario momento de caos que genera parar, encuentre ese instante eureka donde se mezclan aprendizaje, experiencia, propósito y foco para crear algo nuevo que dé luz al camino que desde nuestro interior deseamos recorrer.

Quien es líder de sí mismo igualmente busca la excelencia, no digo la perfección. El objetivo no es ser mejor que otro, sino ser mejor que ayer. Su propósito, independientemente de su estado emocional, motivado o no motivado, genera la ambición, la constancia y el esfuerzo de dar lo mejor en cada momento. Y es en esa entrega total y plena donde podemos aprender, sin excusas ni justificaciones. Porque esta autoexigencia de ser mejor profesional o persona que ayer permite ver la vida con pasión y como una continua aventura de superación y aprendizaje continuo. Lo opuesto es caer en el «día de la marmota». El hoy es igual que el ayer y que el mañana. ¿Y así cuánto tiempo?

Y aún hay una última cuestión en relación al autoliderazgo: es necesario saber vendernos. Esto supone ser capaz de apartar todas esas murallas de creencias limitantes, sea un complejo de timidez o falta de autoestima, para brillar, no permitiendo que otros nos apaguen o, algo más triste, apagarnos a nosotros mismos. Por vergüenza a cometer errores no somos capaces de intervenir en una reunión o defender una presentación. Por timidez no acudimos a eventos en los que debemos estar. Por desprecio al concepto de venderse a uno mismo son otros los que ocupan el puesto u obtienen los recursos para llevar a cabo sus propios sueños. Venderse no significa rendir pleitesía a nuestro superior, sino poner en valor nuestro trabajo, nuestro talento o nuestros valores; en definitiva, nuestra persona. Venderse es ser uno mismo, sin autosabotajes, no dejando que el exterior, sean personas o ambientes, apaguen la música interior que deseamos mostrar.

Como síntesis, podemos encontrar numerosas justificaciones para no liderar a otros o hacerlo desde la falta de vocación de servicio, dominados por nuestro ego, nuestros complejos o nuestras ambiciones personales. Pero liderarnos a nosotros mismos es nuestra misión de vida. Y aquí no hay excusas.

CAPÍTULO 9

TODOS DEBEN SER LÍDERES EN UNA ORGANIZACIÓN

E s frecuente tener la creencia limitante de que el liderazgo está restringido a las altas esferas de cualquier organización, sea grande o pequeña. Posiblemente esto se base en una concepción del liderazgo fundada en el poder o en unas cualidades sobrenaturales, como inspirar, comunicar o tener una visión, lo que lleva aparejado que, si no nacemos con ellas, no podemos ejercerlo en nuestro pequeño o gran ecosistema. Limitamos así el concepto de liderazgo y castramos la grandeza que hay en cada individuo.

Si, como consideramos, el liderazgo es la capacidad de movilizar, de cambiar, de evolucionar, se nos plantea la pregunta de si todas las personas que conforman una organización de cualquier tipo, grande o pequeña, privada o pública, deberían ejercerlo.

A veces las palabras y sus significados nos separan, nos hace entrar en conflicto. Solo una escucha atenta, con el espíritu de aprender, más que de convencer, puede hacer que descubramos matices no vistos antes. Pero para ello debemos dejar, aunque sea por un momento, nuestras creencias y ahondar en la reflexión con curiosidad, con afán de descubrimiento, no de confirmación.

¿Qué sucedería si todas las personas se sintieran líderes? Algunas de las contestaciones, normalmente automáticas, que he tenido ocasión de recibir ante tal cuestión apuntaban a que sería un caos. Y me pregunto por qué. ¿No es acaso en la divergencia, en la diferencia de pensamientos, iniciativas y opiniones donde se puede evolucionar, ser retados y mejorar? Tal vez la solución a toda esta energía de ideas sería generar mecanismos, herramientas y metodologías para alinear, crear foco y generar inteligencia colectiva. Y lo cierto es que existen.

Pero no sería necesario complicarse tanto. Vayamos a lo simple, a lo sencillo; bajemos a tierra y seamos pragmáticos. Miremos a un empleado de cualquier organización. ¿Qué haría si se sintiera líder si la cultura y la burocracia se lo permitieran? Propondría ideas, intentaría mejorar el presente y buscaría que el estancamiento y la rutina no se apropiaran de su espíritu y de su día a día. Y puede tratarse de un recepcionista de un hotel, un operario de una fábrica o un diseñador en una empresa de marketing.

No es cuestión de diseñar la estrategia de la organización; eso es parte del liderazgo de las altas esferas. Todos podemos y debemos ser líderes desde el ámbito en el que nos encontramos. Se trata de qué puedo hacer yo por mejorar mi parte de la empresa. Tal vez si la comunicación entre departamentos no es

Todos debemos ser líderes, en el el ámbito en el que nos encontremos.

la adecuada, fruto de la cultura de reinos de taifas, puedo plantear un sistema de «embajadores internacionales» para que cada compañero se acerque a un departamento y trabajen todos juntos. Esta simple iniciativa liderada por todos puede cambiar una compañía. De repente, por iniciativa propia, las personas de diferentes reinos se relacionan, tienden puentes, se preguntan qué necesitan, qué tienen ellos mismos que cambiar para que puedan hacer mejor su trabajo otras personas. ¿Es tan difícil esto? Parece que sí por dos razones: la cultura organizacional y nuestra falta de liderazgo personal.

Gran parte de nuestra actitud ante un problema se manifiesta en diagnosticarlo, justificarlo y tal vez, solo quizás, plantear una solución generalista que trasladamos a un nivel superior. Pocas veces he visto que las neuronas se vuelquen en plantear propuestas detalladas, parametrizadas, desglosadas en tareas y métricas de éxito para que los superiores no vean la propuesta que se les acaba de plantear como una carga, sino como un alivio y hasta un beneficio propio.

No hay nada más valioso que la realidad, pues nos cuestiona nuestras teorías o formas de enjuiciar la información que recibimos. Por ello, he aquí algunos ejemplos vividos en primera persona.

Un grupo de enfermeras que asistían a un taller de liderazgo que impartía en su clínica coincidieron en que uno de los grandes problemas era la falta de comunicación, que retrasaba operaciones, generaba conflictos y, con ello, originaba un malestar generalizado. Nos pusimos a trabajar, yo como facilitador y ellas como diseñadoras del cambio. Finalmente se acordaron unos rituales, tiempos y fechas para conectarse todos los departamentos involucrados. Parecían felices habiendo despertado su liderazgo y sobre todo desmitificando el concepto de líder. Ellas podían hacerlo y lo iban a hacer. Tras los quince días que dejamos para dejar espacio para implementar y verificar su ejecución, volví con altas expectativas. Lo duro fue con lo que me encontré: el gerente les había prohibido hacerlo. Hay que decir que dicho gerente estaba más para pasearse que para enfangarse, más pendiente de brillar ante los propietarios que de trabajar con las personas de su clínica. Y ante la decepción pregunté qué iban a hacer. Y he aquí la gran sorpresa: «No te preocupes, las estamos haciendo en secreto. Nos reunimos en el restaurante de enfrente los jueves y ahí llevamos a cabo una sesión de trabajo entre todos los jefes de departamentos durante el almuerzo». Reconozco que me quedé estupefacto y a la vez lleno de orgullo por ese liderazgo que supera los obstáculos, que con estrategia sabe sortear bloqueos en aras de un propósito. Sin duda me dieron una lección de liderazgo, de ambición, de iniciativa y de superación de obstáculos.

Otro ejemplo que me emocionó y comparto en muchas de mis conferencias se refiere a cuando las camareras de piso de un hotel dieron una lección de liderazgo al comité de dirección. Uno de los retos que planteé consistió en que cada departamento desarrollara un plan de cambios pero donde los jefes no podrían participar. Hubo resistencias, pero era parte de las actividades que debía realizar el comité de dirección. A los diez días, la gobernanta y encargada de las camareras de piso nos compartió cómo dos de ellas llevaban dos noches casi sin dormir aprendiendo PowerPoint con sus hijas para poder presentar ante el comité todos los cambios que habían diseñado entre todas. Esto es liderazgo. Y liderazgo del bueno, del que aúna ideas, esfuerzos e ilusión. Posiblemente si el jefe hubiera definido los cambios, habría habido poca escucha, mucho criterio propio y posiblemente mucho desconocimiento. Es la asignatura de los cargos: evolucionar de «solucionadores» a «facilitadores» de soluciones conjuntas, colaborativas y de mayor valor.

Otra de las resistencias que suelen plantearse ante este enfoque es que no todo el mundo tiene las cualidades para liderar. Está claro que para diferentes retos, sea en escala o de dificultad, se necesitarán unas cualidades u otras. Dejemos de adorar esa imagen de líder omnipotente y busquemos el liderazgo humilde, sencillo, desde cada puesto de trabajo. Y, si además somos capaces de despertarlo, aunarlo y alinearlo en un propósito, generaremos una energía, ilusión y motivación que no imaginamos. Tal vez el

Cuantas más barreras existen en la organización, más liderazgo debe activarse.

problema no está en la falta de cualidades, sino en las cualidades que hay que tener para superar, soportar o esquivar los obstáculos que pone la organización. Cuantas más barreras, más liderazgo debe haber. Sin embargo, si creamos rituales para escuchar, crear y facilitar ideas, iniciativas y mejoras, puede que muchos que no son oídos o fueron callados en alguna ocasión se atrevan a alzar la voz en ese ideal de poder ser mejores.

Las compañías no quieren líderes, sino gestores o ejecutores. Dejan el liderazgo para unos pocos en las altas capas de la organización al pensar que solamente ellos pueden lidiar y tener respuestas para un mundo en constante cambio. Esto genera que el talento quiera fugarse. Porque el talento no quiere futbolines ni mesas de ping-pong, como se afirma en el libro de Netflix *Aquí no hay reglas;* el talento quiere talento. Es en la conexión de neuronas donde surgen el disfrute y el flujo de ideas que dan satisfacción y muchos momentos eureka.

Y qué decir de la Administración Pública. En uno de los procesos llevados a cabo en una institución andaluza, Andalucía Emprende, en tan solo quince días tras la formación debida se crearon setenta proyectos por iniciativa propia y voluntaria de sus trabajadores con más de quinientas personas

¿Cuántos líderes durmientes tiene tu organización? ¿Por qué?

involucradas. Ante ello, la gerente afirmó: «Hemos creado líderes», ante lo que me atreví a corregirla: «No, no los hemos creado. Los hemos despertado».

¿Cuántos líderes durmientes tiene tu organización?

CAPÍTULO 10

TENGO MIEDO DE CÓMO SER JEFE

Hace bastante tiempo tuve el lujo y el privilegio de entrevistar a un exjefe que superó el miedo. Da gusto escuchar y aprender de alguien brillante pero que no es consciente de ello debido a su extrema humildad. Esto permite ahondar en emociones y sentimientos de una manera más profunda porque no hay barreras del ego. Su transparencia era sabiduría para mí. Y como buen alumno, doy las gracias a este maestro que, compartiendo su bagaje, evolución y aprendizaje desde la gran inteligencia emocional que posee, puede ayudar a muchos a entender el reto con el que tarde o temprano se van a encontrar.

Por ponerte en antecedentes, Javier Moreno Dávila es *IT Manager* en AIDA, empresa informática de un grupo automovilístico. La dimensión y los retos que asumían generó que evolucionaran de ser un departamento más a convertirse en una empresa en sí misma. Lo curioso es que han logrado ser el «virus» que ha contagiado al Grupo de nuevas metodologías ágiles y de nuevas formas de pensar y trabajar.

El motivo de esta entrevista se produjo a raíz de una sesión de aprendizaje mutuo donde le compartía los nuevos modelos organizativos que en su momento estaban surgiendo en el *management* (holocracia, holarquía, *teal,* etc.); fue ahí cuando desde esa gran humildad me compartió: «Hace un año pasé miedo por no saber cuál era mi trabajo en la empresa. Era el jefe del departamento, pero estaba viviendo la pérdida de protagonismo. Había enfocado mi trabajo en hacer crecer a la gente, en hacerla más relevante y darle mayor liderazgo. A lo largo de un año delegué los dos proyectos más importantes en dos personas, pero sentí un vacío. ¿Dónde estaba mi trabajo si eran otros los que lideraban los proyectos? Tenía que transformarme en algo diferente que siguiera aportando valor. ¿Qué significaba ser jefe? ¿Cómo podía justificar un mayor salario? Esto me generaba un gran desasosiego al no poder justificar de forma cuantitativa mi aportación de valor».

El objetivo que se había marcado consistía en engrasar todas las piezas de su organización para afrontar numerosos retos, como muy bien me explicó: «Debía dirigir a gente tanto o más inteligente que yo, anticipar problemas para poder reaccionar con la mayor rapidez posible, definir objetivos alineándolos con el propósito del grupo, buscar y generar negocio y, sobre todo, ilusionar y generar el compromiso de 18 personas para que den no solo su 100 %, sino que evolucionen constantemente. Soy consciente de que mi trabajo es mantener vivo y conectado al equipo, dando lo máximo y haciéndolo evolucionar tanto desde el punto de vista profesional como humano, puesto que la satisfacción y el crecimiento son variables que debemos cuidar. Son tareas no operativas pero que afectan al equipo».

Una pregunta que le perseguía en su cada vez mayor delegación y reparto del liderazgo era la siguiente: «¿Cómo justifico ante los demás mis horas de pensar? Hay que explicarlo, hacerlo entender al equipo y que lo vea. El equipo tiene que entenderlo. Ahí creo que cumplí, pues llegaron a trasladarme el temor a que me quemara. Tardé muchísimo tiempo en entender que mi horario no tenía que ser presencial, sino en el que aportara más valor. Habitualmente es en la oficina, pero en un momento dado podría ser en otro lugar».

En esta fase de la conversación, se me planteó la necesidad de preguntarle sobre cómo evolucionó en su día a día con este enfoque: «Tuve que aprender a callar, a no dirigir, a no controlar y a dejar las riendas. Ser *coach* de equipo a nivel humano, menos intervencionista y dejar que el propio equipo se autogestione».

Un jefe que solo es jefe porque ha aprendido a ser el protagonista, el epicentro, si no está dispuesto a transformarse, debe tener miedo.

1. Gestión del miedo

«Tenía miedo, y quienes sean jefes deben tenerlo, si no se transforman. Un jefe que solo es jefe porque ha aprendido a ser el protagonista, el epicentro, si no está dispuesto a transformarse, debe tener miedo. Y es razonable porque supone un cambio radical. Eso sí, he descubierto el placer de no estar metido en la microgestión, en los detalles, y en empezar a disfrutar de más tiempo para aquello a lo que tengo que dedicarme: pensar, estar listo para un futuro cambiante, diseñar estrategias y, sobre todo, desde el punto de vista humano, garantizar que los nuevos líderes lo siguen siendo: hablar con ellos, acompañarles en sus dudas, ser confesor, apoyo, *coach,* acompañante y ¡alumno!».

Incluso tuvo que evolucionar en su tendencia natural a evitar los conflictos, esperando que la gente, como madura que se supone que es, pudiera afrontarlos y gestionarlos. En este aspecto fue retado por algún compañero (ya no son subordinados) a que fuera más estricto y exigente para equilibrar su rol natural de cohesionador nato. Era *contra natura,* pues, por lo que le conozco, siempre esperaba que la gente se comportara y comprometiera como él lo hacía y transmitía. Pero aprendió a hacerlo. Su evolución le obligaba a afrontar los problemas con mayor asertividad y, sobre todo, con mayor prontitud, no dejando que se atascaran por evitar conversaciones incómodas.

2. De jefe a facilitador

En una nueva fase de la conversación le reté a que realizara una comparativa entre estos dos roles a los que se estaba enfrentando: jefe frente a facilitador *(servant-leader).* Su reflexión definió muy bien estas dos formas de afrontar la coordinación de un equipo humano.

«Yo veo al jefe con un enfoque de:

- Yo pienso.
- Yo ordeno.
- Yo te controlo.

Y al facilitador como ese rol que:

- Ayuda a pensar.
- Establece un rumbo, no un destino, porque la realidad te lo va a cambiar.
- Genera inteligencia colectiva de forma eficiente.
- Impulsa y acompaña a mantener el ritmo.
- Genera el ecosistema de la autogestión.
- Clarifica conceptos, metas y objetivos.
- Facilita a encauzar cualquier iniciativa alineándola con los objetivos.
- Busca equilibrar servicio al cliente con rentabilidad.
- Pone *énfasis en hacer evolucionar a las personas en la forma de pensar y trabajar*».

Sin duda es una magnífica comparativa y, sobre todo, un reconocimiento a dónde estaba y hacia dónde quería ir.

> # El reto es evolucionar de ser «jefe» a «facilitador» de la inteligencia y el liderazgo colectivo.

3. Evolución del equipo con el cambio de cultura

Una pregunta obligatoria era cómo evolucionó su equipo ante estos cambios en su persona:

> «Los primeros pasos en la aplicación de metodologías ágiles son maravillosos: libertad, iniciativa, etc. Al poco surge la confusión, porque hay una serie de perfiles que descubren que, al no tener la figura del jefe que está tras la nuca, esto les obliga a pensar por sí mismos.
>
> El jefe jerárquico te guía, es cómodo, y a la vez puedes echarle la culpa. Pero cuando se les da libertad, puede que surja el desconcierto: necesitan que alguien les

diga qué esperan de ellos. Para mí fue sorprendente. Hay gente que se marchó.

Luego estaba el "lobo solitario": yo marco mis objetivos y yo me lo hago. No se trataba de ser líder individualista, sino de líderes colectivos. Podía resultarle difícil ponerse en sintonía con el resto del equipo, debatir, ceder. O se frustra o se marcha. Y ahí apareces tú, para encauzar, suavizar e integrar estos enfoques, estas energías y estas idiosincrasias».

4. El propio equipo propone despedir

Por otro lado, en este hacer crecer a sus compañeros a través del liderazgo colectivo, estando de vacaciones, el propio equipo le pidió que echaran a un compañero. Sorprendente, ¿no? Era tal la responsabilidad y el compromiso creado, que los propios miembros, aun reconociendo la calidad técnica y humana de dicha persona, veían que no encajaba ni respondía a lo que se necesitaba.

Como bien me explicó, «era como si en un equipo de remo uno remara de forma asíncrona, haciendo que el equipo tuviera constantemente que corregir el rumbo, en lugar de seguir avanzando. Se reunieron sin mí, pero, eso sí, la reunión entre ellos fue como colegas. No era una situación para celebrar, ni hablábamos de gente mala, sino de perfiles para desempeñar una función. Antes de la decisión, los propios compañeros le dieron avisos, pero él no cambiaba. Pero a su vez, debían tomar una decisión, pues a todos les afectaba y se sentían responsables del trabajo que hacían».

Finalmente se le invitó a salir de la organización, a la vez que se le ayudaba a encontrar otro trabajo, en una decisión de responsabilidad y madurez colectiva. Todos ganaban con la decisión, pero todos actuaron con un liderazgo colectivo.

5. Beneficios

En resumen, poder escuchar y aprender de alguien que ha sabido evolucionar de jefe a facilitador es un lujo que me ayuda a dar respuesta a muchos directivos que no se atreven a hacerse la gran pregunta: «¿Cuál es mi futuro en estos modelos colaborativos y de liderazgo colectivo?».

El gran valor de esta reflexión de nuestro protagonista es que muestra los grandes beneficios de su evolución:

- Centrarse en aportar valor y no emplear tiempo en controlar.
- No emplear tiempo físico y mental en resolver problemas que el propio equipo puede resolver.
- Invertir tiempo en la mejora continua y no en estar apagando fuegos.
- Dedicar un espacio para la innovación.
- Lograr mayor calidad de vida dentro y fuera del trabajo.

Gracias, Javier, por estas lecciones, tanto profesionales como humanas. Ojalá sirvan para ayudar a quienes están en medio de esta evolución.

CAPÍTULO 11

NO EXISTE LA RESISTENCIA AL CAMBIO *PER SE*

Una de las respuestas más inmediatas ante la pregunta de si existe resistencia al cambio es un sí rotundo. ¿Nos hemos parado realmente a pensar en ello? Por desmontar este automatismo a responder sin haber profundizado, me atrevo a retar con las siguientes cuestiones: ¿todos los cambios son perjudiciales? ¿Hemos llevado a cabo cambios deseados y beneficiosos? ¿Acaso no hemos decidido modificar aspectos de nuestra vida, incluso creencias o hasta nuestros comportamientos, por voluntad propia? Considero que en lugar de un sí rotundo deberíamos empezar suavizando la respuesta al menos con un «depende».

Este primer matiz, el del posible beneficio del cambio, puede llevar a la raíz del problema. Muchas son las razones de la potencial resistencia al cambio que he podido leer, escuchar y pensar. Pero en un esfuerzo por hacer sencillo lo complejo, me atrevo a concretarlo en dos causas: el resultado negativo de la negociación interna que realizamos (sumatorio de ganancias menos pérdidas) y, sobre todo, y con mayor peso, la forma en la que se nos plantea el cambio.

Son dos las causas de la resistencia al cambio: una pérdida mayor que el beneficio y la forma en que se implementa.

1. Primera clave: negociación personal

Un cambio es una negociación personal. Si las pérdidas (dinero, comodidad, control, poder, etc.) son mayores que las ganancias (si las hay), activaremos la resistencia. Es lógico y entendible, aunque quien quiera imponer el cambio solamente vea sus beneficios y no la visión de quienes quiere que cambien.

Sin embargo, nuestro subconsciente es más complejo y maneja una información que tal vez no sabemos estructurar o llevar a la conciencia. Ante cualquier propuesta de cambio, este es escrutado de manera consciente o inconsciente en múltiples dimensiones. Podemos agruparlas en cuatro: qué se va a ganar, qué se perderá, qué se desea mantener y qué consecuencias habrá si no se da el cambio. Estas son las preguntas que nos hacemos y que debemos analizar, puesto que engloban todos los sentimientos, emociones, ganancias, pérdidas, costes y consecuencias ante el reto de un cambio.

Es en el resultado de este análisis donde comprenderemos las posibles resistencias. Y en lugar de frustrarnos o enfadarnos, debemos ser comprensivos para poder actuar y desactivarlas, sea compensando, ayudando en la formación para hacer más fácil el proceso, dotando de recursos o sencillamente utilizando estrategias para eliminar la resistencia al cambio.

Porque es aquí donde está la segunda clave, que podría ser más importante que la ya mencionada. Es la forma en la que se ejecuta el cambio lo que puede generar resistencia, evitarla o compensar el resultado negativo de la negociación interna.

2. Segunda clave: la forma de implementar el cambio

Recurrir a la fácil y simple respuesta de «la gente tiene resistencia al cambio» es soslayar toda responsabilidad sobre cómo se plantea y cómo se ejecuta, ponerse en el rol de víctima en lugar de en el de líder para movilizar un estado de ánimo, echar la culpa al exterior y no ser consciente de que la forma en la que se plantee y ejecute puede llegar a ser determinante, incluso habiendo pérdidas mayores que los beneficios.

¿Cuál es nuestra reacción cuando nos imponen algo? Esto sí que genera un automatismo humano. Puede ser nuestro ego, nuestra estupidez (suelen estar juntos) o nuestra falta de valoración y perspectiva de lo que nos imponen. La respuesta ante la imposición es resistirnos. Activa nuestro orgullo personal, a veces aderezado de cabezonería. La imposición genera resistencia automática. La participación la anula o diluye. ¿En nuestra organización nos permiten participar en el qué y en el cómo de los cambios? Entonces, ¿qué pueden esperar? No solo pierden activar la inteligencia colectiva, sino que generan una resistencia colectiva por no haber valorado a las personas, limitándolas a ser simples ejecutoras de lo que otros deciden.

La imposición genera resistencia.
La participación la anula o la diluye.

En los procesos participativos puede llegarse a asumir pérdidas mayores que las ganancias. El hecho de ser escuchado, respetado y tenido en cuenta evita levantar muros de cabezonería. Además, dicha escucha individual y colectiva puede generar que se entiendan los sacrificios grupales o personales que supondrá el cambio en aras de un bien mayor. No podemos ser tan simples de ignorar las agendas ocultas de aquellos que se resisten; debemos indagar escuchando, averiguando lo que se piensa pero no se dice, lo que se ambiciona pero no se muestra. El trabajo será generar la confianza para poder poner todas estas cuestiones sobre la mesa. Hacer un planteamiento desde el «ganar-ganar», no llevando las negociaciones a la dimensión de las «posiciones», sino a la de los «intereses». Ahí podremos intercambiar de forma inteligente lo que no nos atrevemos a decir pero bloquea cualquier proceso necesario de cambio.

Recuerdo un proceso de digitalización que implicaba un enorme cambio cultural, así como de metodologías y de las propias herramientas tecnológicas de trabajo. Una de las personas más influyentes mostró de forma notable su oposición absoluta en público con muy discutibles argumentos, pero contagió a la gran mayoría de la compañía y generó una crisis importante. Tras varias conversaciones e indagando en las cuatro variables anteriormente comentadas, pudimos ver que el único elemento que generaba resistencia era la pérdida de estatus. Al quedar obsoletos su conocimiento y su experiencia acumulada durante años, se le generaba pérdida de poder y reconocimiento. En el fondo lo que deseaba era mantenerlo y, como transformadores del cambio, debíamos buscar la estrategia para poder desactivar esta resistencia en un «ganar-ganar». La forma de lograrlo fue formándole en primer lugar a él de forma privada y confidencial y, cuando lo dominara, que fuera el impulsor del cambio. Esto mantendría su estatus, y nosotros contaríamos con un impulsor de una enorme repercusión. Fue una implantación en absoluto conflictiva. El arranque conllevó más tiempo inicialmente, pero por otro lado ahorramos tiempo en su ejecución, y sobre todo problemas, conflictos y el sabotaje oculto que siempre se genera si no invertimos tiempo en escuchar lo que no se dice.

La clave está en la forma en la que se implantan los cambios: unas veces falta formación y en otras no hay recompensa al esfuerzo, pero especialmente el mayor error es que no se les haga partícipes. ¿Qué perdemos invirtiendo tiempo en escuchar cómo hacerlo? Sí, podría parecer que lo estamos perdiendo, pero seguramente es menos del que invertiríamos en batallas soterradas, resistencias ocultas, conflictos personales y sobre todo ralentización del proceso, cuando no fracaso del cambio.

3. Urgencia: no hay tiempo

En ocasiones no hay tiempo para permitir participar. La COVID-19 fue un ejemplo de ello. Lo que no se había conseguido en meses o años se implementó en semanas. La urgencia y el peligro desactivan resistencias. Pero las personas lo entienden y actúan como tal.

Así hacen también con su vida. Los peligros generan cambios, pero hay que hacerles comprender y permitirles entenderlos. En el caso mencionado, todo el mundo vio la necesidad de sobrevivir como seres humanos; de ahí que se aceptaran las medidas restrictivas que nos impusieron. Y como miembros de sus respectivas organizaciones, se hicieron enormes sacrificios personales sin resistencia, ya que el peligro y la urgencia eran comprendidos y entendidos por todos.

4. Tres variables para evitar las resistencias

Pero para llevar a cabo un proceso de cambio inteligente debemos manejar tres variables:

- **Implicación colectiva.** Se logra mostrando o creando urgencia o a través de un proceso de participación que genera la implicación necesaria en el reto que se les plantea, sea por toma de conciencia o por hacerles ver un futuro que les inspira.

- **Metodología.** Manejar las herramientas y los procesoss para poder llevar a cabo diagnosis de la cultura, matriz de las resistencias, análisis de los *stakeholders* involucrados, estilos de liderazgo existentes, diseño de métricas de éxito, etc. Sin una metodología adecuada, el proceso se complicará y perderá la eficacia y eficiencia necesarias para compensar los esfuerzos que se requerirán.

- **Elección de la estrategia adecuada.** Qué cambiar, cómo hacerlo, cuándo ejecutarlo y quién implementarlo, con la flexibilidad necesaria para modificarla durante el proceso: desde el formato *big-bang* (a gran escala) hasta un proceso evolutivo en función de la urgencia, la cultura y el liderazgo existente.

5. Nuestro objetivo: desactivar antes de empezar

Ahora bien, nuestro objetivo no es vencer resistencias, que resulta costoso en esfuerzo, emociones y tiempo. Tratar de superarlas es invertir recursos cuando la herida ya está abierta. Pequeños detalles como informar antes de empezar, estimular y escuchar a los líderes no formales, dotar de recursos o formar antes, durante y después del proceso pueden ser determinantes.

Nuestro gran reto es desactivar las resistencias antes de empezar, y para ello es necesario escuchar lo que se dice y lo que no se dice, permitiendo la participación, a la vez que saber vender los beneficios por encima de los sacrificios.

Y todavía me atrevo a ser más ambicioso: cuando permitimos la participación, no solo desactivamos la resistencia, sino que activamos el liderazgo colectivo. Las personas también necesitan sentirse reconocidas y que aportan valor. Pero debemos saber encontrar el interruptor emocional que hace que una barrera se convierta en un mero obstáculo que hay que superar. No los tratemos como estúpidos o como robots ejecutores de los cambios. Se puede generar un proceso muy interesante y enriquecedor si el cambio se planifica y ejecuta de la forma adecuada. Ahí pondremos a prueba nuestra inteligencia y nuestro liderazgo.

EPÍLOGO

Aquí acaba el viaje. Espero que la lectura haya sido retadora, convulsa y a veces generadora de debates internos con uno mismo. «¿Para qué leer un libro si en nada cambia tu vida?» afirmaba el periodista y escritor español José Luis Martín Descalzo. En cierta medida, esta ha sido la ambición de escribirlo: retar para descubrir, cambiar o reafirmar ideas. Sentimos según pensamos y pensamos según la información que tenemos y cómo la interpretamos. Y es aquí, en la forma en la que interpretamos la realidad, donde forjamos límites con nuestras creencias.

Si no indagamos en nuestro propio liderazgo o solo vemos una organización como una pirámide con unos pocos líderes, nos encontraremos con ecosistemas estancados y, sobre todo, desmotivantes. Si no vemos la pasión como un elemento más ambicioso que la propia felicidad, encontraremos parásitos felices que intoxican nuestros entornos.

He cuestionado ideas preconcebidas y asumidas, tanto de la zona de confort (ojalá la evolución forme parte de la nuestra) como de las causas que nos hacen creer que todo el mundo se resiste al cambio. La cuestión no es por qué se resisten, sino qué debemos hacer para que no lo hagan o incluso se sumen al cambio.

Algo que es preocupante es la eterna dificultad de las organizaciones para tener personas motivadas. ¿Por qué no nos paramos de forma seria y responsable a resolver aquellos agujeros por donde la motivación va desapareciendo? En la mayoría de las ocasiones las personas que se integran en una organización ponen su mente y corazón al servicio de un proyecto. Pero son las obsoletas metodologías, el día a día, y sobre todo la falta de escucha y participación las que generan que nuestra mente se estanque y nuestro corazón deje de apasionarse. Los líderes despiertan esa ilusión, no dando soluciones al modo antiguo, sino siendo facilitadores de una inteligencia y un liderazgo colectivo. No los motives llevándolos a una charla o realizando un *outdoor*. Es como motivar a los suplentes de un equipo. Déjalos jugar, participar, sentirse protagonistas de decisiones en su propio ámbito. Creo en las personas, en que cada una de ellas tiene un interruptor emocional que las empuja a despertar e, incluso, cambiar actitudes y comportamientos. Es así como los convertiremos en líderes, primero de su propia vida y, como consecuencia, en líderes de la propia organización desde su ámbito de trabajo.

En este viaje de conceptos e ideas transgresoras, impregnado del deseo de no tener razón, he querido sacudir neuronas, abrir perspectivas y cuestionar conceptos mayoritariamente asumidos. Solo desde la curiosidad se puede leer este libro, porque supone salir de la caja de conceptos ya instaurados, y ver el *management* desde otra perspectiva. El mundo cambia, las ideas cambian y las maneras de dirigir deben evolucionar. La empresa puede y debería ser un espacio de realización personal. Contamina nuestra propia vida personal, y de ahí la responsabilidad de los líderes para, por un lado, garantizar el éxito y rentabilidad de la organización (aún siendo un ente público) y, por otro, crear una atmósfera y un propósito que consiga tener empleados apasionados y realizados. ¿Es tan difícil? ¿Acaso no podemos exigir, desarrollar y hacer sentir importantes y reconocidos a quienes son los forjadores del sueño o reto que es una empresa?

Tal vez la semilla está en preguntar a cada uno de los integrantes si son líderes de su propia vida. Aquí está el origen. ¿Vivimos la vida como una suma de problemas o como una lista de retos a superar, disfrutando a su vez del camino? Porque sin ese liderazgo unipersonal, sin esa ambición de evolucionar y ser mejor persona hacia uno mismo y hacia los demás, será difícil vivir y convivir. Esta es la zona de confort que defiendo: aquella que al igual que da satisfacción, nos hace evolucionar, crecer y mejorar.

Ya no vale adaptarse, toca reaccionar y de forma rápida. Algunos incluso se anticipan y están preparados para cualquier nuevo tsunami. Pero parece que vivimos cada vez más en una sociedad anestesiada al pensamiento y a la evolución. Nos pisamos las ideas, queremos tener razón a toda costa, no sabemos escuchar, rebatimos sin haber dejado terminar la exposición de la otra persona y, sobre todo, no queremos descubrir sino convencer. ¿A dónde lleva esto? Sin duda al empobrecimiento intelectual y al enfrentamiento constante.

Las palabras en muchas ocasiones nos separan, pero la curiosidad nos une, porque en ella hay humildad e indagación. He intentado unir estas dos ideas para que, una vez esté claros los conceptos, podamos encontrar un espacio común de debate y enriquecimiento. No he querido entretener, sino más bien retar, sacudir, provocar.

Espero, como afirmaba en alguna conferencia al comenzar, que se haya removido algo en tu interior y que «no duermas esta noche», como fruto de las ideas he compartido en estas páginas. Mi deseo es que despiertes con nuevas ideas, las tuyas, fruto de la indagación, curiosidad y deseo de evolución personal.

Ese es el objetivo de este libro.